O DIREITO E OS DIREITOS
ELEMENTOS PARA UMA CRÍTICA DO DIREITO CONTEMPORÂNEO

CLÈMERSON MERLIN CLÈVE

O DIREITO E OS DIREITOS
ELEMENTOS PARA UMA CRÍTICA DO DIREITO CONTEMPORÂNEO

3ª edição

Belo Horizonte

2011

© Clèmerson Merlin Clève
1998 1ª edição Acadêmica
2001 2ª edição Max Limonad
© 2011 3ª edição Editora Fórum Ltda.

É proibida a reprodução total ou parcial desta obra, por qualquer meio eletrônico, inclusive por processos xerográficos, sem autorização expressa do Editor.

Conselho Editorial

Adilson Abreu Dallari
André Ramos Tavares
Carlos Ayres Britto
Carlos Mário da Silva Velloso
Carlos Pinto Coelho Motta (in memoriam)
Cármen Lúcia Antunes Rocha
Cesar Augusto Guimarães Pereira
Clovis Beznos
Cristiana Fortini
Dinorá Adelaide Musetti Grotti
Diogo de Figueiredo Moreira Neto
Egon Bockmann Moreira
Emerson Gabardo
Fabrício Motta
Fernando Rossi
Flávio Henrique Unes Pereira
Floriano de Azevedo Marques Neto

Gustavo Justino de Oliveira
Inês Virgínia Prado Soares
Jorge Ulisses Jacoby Fernandes
José Nilo de Castro
Juarez Freitas
Lúcia Valle Figueiredo (in memoriam)
Luciano Ferraz
Lúcio Delfino
Marcia Carla Pereira Ribeiro
Márcio Cammarosano
Maria Sylvia Zanella Di Pietro
Ney José de Freitas
Oswaldo Othon de Pontes Saraiva Filho
Paulo Modesto
Romeu Felipe Bacellar Filho
Sérgio Guerra

Editora Fórum

Luís Cláudio Rodrigues Ferreira
Presidente e Editor

Coordenação editorial: Olga M. A. Sousa
Revisão: Marcelo Belico
Bibliotecário: Ricardo Neto – CRB 2752 – 6ª Região
Indexação: Fernanda de Paula Moreira – CRB 2629 – 6ª Região
Capa, projeto gráfico: Walter Santos
Diagramação: Deborah Alves

Av. Afonso Pena, 2770 – 15º/16º andares – Funcionários – CEP 30130-007
Belo Horizonte – Minas Gerais – Tel.: (31) 2121.4900 / 2121.4949
www.editoraforum.com.br – editoraforum@editoraforum.com.br

C635d   Clève, Clèmerson Merlin

O direito e os direitos: elementos para uma crítica do direito contemporâneo / Clèmerson Merlin Clève. 3. ed. Belo Horizonte : Fórum, 2011.

164 p.
ISBN 978-85-7700-518-5

1. Teoria do direito. 2. Filosofia do direito. I. Título.

CDD: 340.1
CDU: 340.12

Informação bibliográfica deste livro, conforme a NBR 6023:2002 da Associação Brasileira de Normas Técnicas (ABNT):

CLÈVE, Clèmerson Merlin. *O direito e os direitos*: elementos para uma crítica do direito contemporâneo. 3. ed. Belo Horizonte: Fórum, 2011. 164 p. ISBN 978-85-7700-518-5.

Deus move o jogador, e este, a peça.
Que Deus atrás de Deus começa a trama de pó
e tempo e sonho e agonias?
(BORGES, Jorge Luís. *Xadrez*)

Era, em suma, necessário aprender de novo a viver e escrever; errar de uma nova maneira.
(GULLAR, Ferreira. *Uma luz no chão*)

*A injustiça não se resolve.
À sombra do mundo errado
murmuraste um protesto tímido.
Mas virão outros.*
(DRUMMOND. *A rosa do povo*)

SUMÁRIO

NOTA DA TERCEIRA EDIÇÃO 13
NOTA DA SEGUNDA EDIÇÃO 17
PREFÁCIO
Celso Luiz Ludwig 19
PRÓLOGO 25
CAPÍTULO 1
O SABER JURÍDICO E A MODERNIDADE 33
1.1 Ciência 33
1.2 Ciência e modernidade 37
1.3 O solo epistemológico das ciências humanas 40
1.4 O solo epistemológico do direito 43
1.4.1 O não e o sim 45
1.4.2 O sim e o não 51

CAPÍTULO 2
O PAPEL DA DOGMÁTICA JURÍDICA E A NOVA JUSFILOSOFIA 57
2.1 Sentido atual da dogmática jurídica 57
2.2 A nova crítica do direito 63
2.2.1 A crítica duplicada do direito 64
2.2.2 A crítica reduplicada do direito 68
2.3 O jurídico e o social enquanto saberes 71

CAPÍTULO 3
A LEI QUE FALA O DIREITO 79
3.1 Os saberes tradicionais 79
3.2 O imaginário jurídico 83
3.2.1 A ideologia em Althusser 85
3.2.2 A ideologia em Lukács 86
3.2.3 A ideologia em Gramsci 87
3.2.4 A ideologia em Poulantzas 88
3.2.5 A visão de Marilena Chauí 89

CAPÍTULO 4
O POSITIVISMO COMO IMAGINÁRIO 93
4.1 O elogio da lei 97
4.2 Rede de poder e razão legal 107
4.3 A lei e as disciplinas 111

CAPÍTULO 5
O DIREITO QUE FAZ A LEI 117
5.1 O nível jurídico estatal 117
5.1.1 O voluntarismo 121
5.1.2 O economicismo 121
5.1.3 A busca de novos caminhos 122
5.2 A luta pelo direito 132

CAPÍTULO 6
O SINGULAR E O PLURAL 139
6.1 Redefinir o direito 139
6.1.1 Virar o direito do avesso 141
6.2 Quem tem medo do plural? 144
6.2.1 Para concluir 148
6.2.1.1 Localizar epistemologicamente o direito 148
6.2.1.2 Explicar-compreender o direito contemporâneo 150

REFERÊNCIAS 153

ÍNDICE DE ASSUNTO 161

ÍNDICE ONOMÁSTICO 163

NOTA DA TERCEIRA EDIÇÃO

O presente texto foi escrito ainda durante a vigência do regime militar, embora depois da lei de anistia, mas antes da eclosão do movimento cívico das diretas já, da eleição de Tancredo Neves pelo colégio eleitoral e, portanto, da convocação, em 1985, do Congresso Constituinte que, instalado em 1987, promulgou no ano seguinte a atual Constituição do Brasil.

Os debates político e acadêmico, no país, eram travados a partir de agenda e preocupações teóricas bastante distintas das que experimentamos nos dias de hoje. Quanto à agenda política, tratava-se de combater o regime autoritário e, mais do que isso, contribuir para a emergência de um novo tempo marcado pela vida democrática e pela justiça política. Um tempo de esperança e de conquista progressiva de direitos. Em relação à agenda acadêmica, pelo menos no terreno no direito, parecia pertinente discutir as várias teorias formalistas que, dominantes nas faculdades, impediam muitas vezes uma compreensão do fenômeno jurídico menos distante da realidade difícil vivenciada pelos brasileiros. Mas também, de outro lado, cumpria fugir dos modelos teóricos que só conseguiam ver no direito um lugar de opressão. Os discursos jurídicos hegemônicos ou bem residiam no campo do formalismo, às vezes profundamente alienado, ou no território de uma crítica demolidora incapaz de ver no universo do direito um espaço de luta, de garantia e emancipação e, portanto, de resistência.

Por razões históricas perfeitamente compreensíveis, o tempo, para os jovens, explicando de forma muito grosseira, era de alienação ou de fuga do direito. E fuga do direito em direção a outros caminhos, às vezes a arte, outras a filosofia ou a política.

Com o presente livro, pretendeu-se modestamente dialogar com as teorias em voga na circunstância, procurando identificar o lugar epistêmico do saber jurídico e, mais do que isso, compreender o fenômeno jurídico de modo a realçar a sua dignidade política. Afirmou-se que, mesmo no quadro do regime militar, o direito para ser direito precisa ir além da mera expressão da vontade do grupo no poder. Que o direito não é nem pode ser um mero reflexo das relações de produção. Que o direito não deve ser reduzido à condição de simples instrumento de domínio. Que o direito é mais complexo do que isso. É, também, espaço de luta, de confrontação, de garantia, de mediação de conflitos. Nos regimes democráticos, o direito se afirma a partir de uma tensão permanente entre o consenso e o dissenso. Nos regimes de força a tensão é comprimida, como sabemos. Mas mesmo aqui, o direito que oprime pode ser, igualmente, o direito que liberta, que oferece as condições para a ressurgência de um processo emancipatório. O direito, complexo, sutil, mais ou menos responsivo, manifesta-se como uma condensação de relações de forças. Ora, a adequada compreensão dessa condição autoriza supor a existência de possibilidades que merecem sofrer exploração por todos os juristas comprometidos com a dimensão emancipatória da experiência jurídica.

Tratava-se então de, aproveitando o que Marilena Chauí chamou de dignidade política do direito, operar uma crítica capaz de, compreendida a inevitável particularidade do saber jurídico, uma disciplina voltada à solução de conflitos, seduzir os desencantados, mostrar renovado horizonte, sugerir o retorno ao direito, tudo para, quem sabe, desenhar, ainda que de modo pálido e impreciso, os contornos de uma vida diferente daquela que experimentávamos na altura, agora com Constituição, democracia e direitos humanos. Utopia social? Neste ponto o estudo procurou incorporar fielmente a conhecida lição de Gramsci segundo a qual cumpre temperar o pessimismo da razão (no caso, enfrentar o direito que realmente temos) com o otimismo da vontade (buscando o direito que queremos).

Escrito por um jovem recém-formado, há quase trinta anos, o texto talvez soe como algo pretensioso. Em defesa desse jovem, porém, posso dizer que o esforço foi sincero e a redação, num contexto de alienação, desesperança ou fuga, substanciava uma tentativa de convencimento pessoal. É por isso, embora assumindo a forma de um discurso acadêmico, um ensaio de construção de uma verdade subjetiva: — O direito desempenha um papel fundamental no processo de construção de uma sociedade mais justa. Essa construção não é nem pode constituir tarefa a ser realizada exclusivamente no terreno político. A convicção foi determinante para as escolhas de vida e profissionais que o autor viria a fazer mais tarde.

As agendas reinantes na política e na academia hoje são outras. Não se trata mais de combater o regime de exceção, mas de garantir a vivência democrática. Os discursos jurídicos, constitucionalizados a partir de uma Constituição democrática e generosa em relação aos direitos fundamentais, proporcionam novos combates teóricos. O texto, então, dirão alguns, pode guardar pouco sentido atualmente. Afinal, ocupa-se de problemáticas distintas das contemporâneas. Tem-se aqui apenas uma verdade parcial. Afinal, muito do que foi enfrentado no texto ainda guarda pertinência. Por isso, entendi que, esgotada a anterior, cumpria providenciar nova edição. Estou a supor, por outro lado, que o livro continua útil para todos os profissionais do direito que pretendem compreender um pouco mais, do ponto de vista dos debates travados no campo jurídico, o momento que antecede a reconquista do Estado de direito e do regime democrático. A utilidade poderá ser ainda maior, por razões evidentes, para os discentes e profissionais das novas gerações.

Concluo com duas indispensáveis observações. A primeira, de agradecimento à pesquisadora Ana Lucia Pretto Pereira, integrante do NINC – Núcleo de Investigações Constitucionais da Faculdade de Direito da UFPR, pelo seu inestimável auxílio nas providências para esta terceira edição. A segunda, igualmente de agradecimento, aos alunos do curso de direito da Universidade Federal do Paraná que me surpreenderam, no momento em que completo vinte e cinco anos de docência, com a mais bonita, a mais significativa homenagem que um professor pode receber. Muito sensibilizado, ainda que com o sentimento de desmerecimento, só posso deixar gravada a minha eterna gratidão e dizer que esse gesto contribuiu ainda mais para a minha certeza de que os anos dedicados à vida acadêmica realmente valeram a pena. Todo reconhecimento é uma bênção. Mas o reconhecimento dos alunos é, para o professor que ama a docência, a maior de todas. Aos meus alunos, a todos eles, aos que são e aos que foram, eu dedico esta edição.

Alto da Glória, Curitiba, em setembro de 2011.

Clèmerson Merlin Clève

NOTA DA SEGUNDA EDIÇÃO

O presente estudo, publicado pela primeira vez em 1988, foi redigido entre os anos de 1982 e 1983. Trata-se de texto escrito, originariamente, como dissertação de mestrado, por um jovem que não havia, ainda, passado dos vinte e quatro anos de idade. Nos anos setenta, a crítica do direito foi uma das marcas da filosofia política. Vivia-se aquilo que Gisele Cittadino chamou de *morte do direito*.[1] Nos anos oitenta, já, "a filosofia política conforma um movimento que se denomina *retorno ao direito*".[2] É nesse contexto que se explica a reflexão levada a cabo neste livro.

Tratava-se, portanto, de conduzir uma crítica ao direito, especialmente às doutrinas jurídicas então em voga, mas, ao mesmo tempo, demonstrar que o universo jurídico não se confunde com a mera instrumentalização da dominação. Ao contrário, o direito compõe fenômeno normativo que integra, igualmente, um campo de lutas. Daí porque a instância jurídica substancia condensação de relações de força, sendo a um tempo dominação e liberdade, emancipação e censura, igualdade e discriminação. Pretende-se, portanto, fugir das abordagens idealistas do direito, assim como daquelas simplificadoras de sua complexidade e sofisticação.

Na época em que o estudo foi escrito, o país respirava, ainda, o regime militar. Em consequência, foi nos direitos humanos, na invenção democrática, nas reivindicações populares, que o Autor viu a possibilidade de mudança do direito instituído. Defendia-se a contaminação do direito singular pelo toque emergente do direito plural, dos direitos instituintes. Hoje, porém, dentro do quadro normativo do Estado Democrático de Direito, diante da Constituição que rege a ordem jurídica vigente, as conclusões poderiam ser diferentes. Deveras, cumpre, na atualidade, sem olvidar o caminho anterior, radicalizar as

---

[1] CITTADINO. *Pluralismo, direito e justiça distributiva*: elementos de filosofia constitucional contemporânea, p. 141.
[2] CITTADINO. *Pluralismo, direito e justiça distributiva*: elementos de filosofia constitucional contemporânea, p. 141.

potencialidades dirigentes da Carta Constitucional, esta, sim, construída a partir de princípios e direitos fundamentais capazes de sugerir a emergência de uma ordem jurídica emancipatória. Neste compasso, a luta pelo direito novo, antes de constituir mera luta política, passa, igualmente, a constituir luta jurídica, travada no interior do espaço normativo estatal. O compromisso com a plena efetividade da Constituição de 1988, então, substancia o método mais legítimo e acertado para a progressiva mudança libertária da ordem jurídica brasileira. Nem por isso, entretanto, a filosofia política fica destituída de papel. Ao contrário, o questionamento dos fundamentos do direito, a crítica da separação radical entre as esferas da moral e do fenômeno jurídico, a progressiva preocupação com a ética, a redescoberta da justiça como valor constitucional, a reflexão travada a propósito da legitimidade do direito no contexto democrático, integrarão o campo fértil das discussões agora operadas pela filosofia política. Ademais, a discussão a respeito da dignidade política do direito continua atual.

Como o leitor verá, no texto fala-se do positivismo como o modo pelo qual o direito contemporâneo aparece. Nesse sentido, o positivismo é tomado como termo equivalente a direito positivo, o direito que guarda relação com o Estado, sendo por ele sancionado. A advertência é necessária, porque mais tarde, em outros escritos, o Autor ensaiará estabelecer distinção entre positivismo e direito positivo, designando pelo primeiro o especial modo de apreender o direito, que pressupõe a neutralidade do intérprete, a transparência do objeto, este tomado como algo completamente exterior ao sujeito cognoscente, sendo certo que pela segunda expressão refere-se ao jurídico enquanto manifestação fenomênica, normativa vigente que não se confunde com o direito idealizado deste ou daquele jusnaturalismo. Tem-se, neste momento, que é perfeitamente possível conhecer e instrumentalizar a aplicação do direito positivo sem cair nas armadilhas do positivismo.

Do mesmo modo, o Autor pretende fixar a distinção entre a dogmática, saber instrumental, tecnologia da ação jurídica, com o dogmatismo. Aceita-se, mais uma vez, aqui, ser perfeitamente possível fazer dogmática sem dogmatismo, sem o apego irrefletido aos dogmas preservados pelo positivismo. Daí a utilidade de uma dogmática jurídica crítica, comprometida com a efetividade da Constituição e a prossecução dos valores constitucionalmente plasmados e dos direitos fundamentais.

Curitiba, outubro de 2000.

Clèmerson Merlin Clève

PREFÁCIO

Feliz a ideia da reedição de *O direito e os direitos*: elementos para uma crítica do direito contemporâneo. Clèmerson Merlin Clève é por todos conhecido e reconhecido como brilhante jurista, festejado nacional e internacionalmente. Nada mais justo. Minha admiração por sua obra nasceu quando em 1988 tive a oportunidade de ler o "pequeno-grande" livro, que ora tenho a honra de prefaciar, nesta reedição. Livro que tem por tema a *reflexão do saber jurídico*. Portanto, é um livro de epistemologia jurídica. Mas, é mais do que epistemologia: é uma obra de teoria do direito. Isto porque o Autor, em passos firmes e provocativos, desenvolve mais do que uma *descrição* do saber jurídico, a partir dos tempos modernos. Formula ao longo do texto uma *teoria* desse saber e do direito. Desde a descrição — em forma de fragmentos — da relação do saber jurídico com a modernidade até a necessidade da redefinição desse saber e do direito, faz *denúncias* e *anúncios*, faz *teoria* que coloca o texto na linha da *razão crítica*. Razão crítica que construiu uma *teoria crítica do direito* com fundamentação *epistêmica* consistente, com categorias analíticas ousadas e com direção definida: o *jurídico* como uma forma de *emancipação* das classes populares e compromisso com a instituição do novo.

Todos sabem que a empreitada do autor não foi e não é nada fácil. Não é sequer tarefa de um único ou de poucos pensadores. O tema exige a produção teórica coletiva, considerada sua complexidade e os desafios teóricos e político-sociais nele implicados. A dificuldade é por todos admitida. Em recente obra de Boaventura de Sousa Santos,[1] a introdução geral tem por título "Por que é tão difícil construir uma teoria crítica?", mesmo reconhecendo que no mundo em que vivemos há tanta coisa a ser criticada. Penso que a dificuldade maior na produção de uma teoria crítica reside no que se revela de sua própria concepção. No dizer do autor citado, para a teoria crítica a "realidade" não se reduz ao existente. A realidade concebida como um campo de possibilidades exige da teoria crítica *denúncias* constantes e *anúncios* alternativos ao

---
[1] SANTOS. *Para um novo senso comum*: a ciência, o direito e a política na transição paradigmática, v. 1, p. 23.

existente empírico. Além disso, sabemos teórica e historicamente que no processo dialético da denúncia e do anúncio, o risco do erro é bastante grande, até mesmo face ao elevado grau de complexidade e de novidade dos problemas da realidade, traço hoje tido como o mais marcante.

O livro de Clèmerson Merlin Clève, escrito em 1983, inicialmente apresentado como dissertação de mestrado, tem um "lugar epistêmico" claramente definido: o marco da teoria crítica moderna. Não só o título "O saber jurídico e a modernidade", mas o conteúdo do primeiro capítulo demarcam o solo epistêmico das ciências em geral, das ciências humanas e do direito em particular. Esta demarcação ganha desdobramentos específicos ainda no segundo capítulo. É nas ciências que se encontra o lugar privilegiado da verdade. Atento, percebe que Foucault elabora reflexão crítica profunda sobre a ciência moderna nesta sua pretensão totalizadora — só há ciência. É esse marco teórico que serve de fundamento e de delimitação analítica para cimentar as já mencionadas críticas (denúncias) e anúncios (utopias) que se seguem ao longo do texto. Assim como Foucault procurou mostrar que há "saídas" epistêmicas a partir das opacidades e silêncios produzidos pelo império da ciência moderna — epistemes alternativas — Clèmerson procura mostrar caminhos para fazer surgir nova dimensão para o discurso jurídico: desde o anúncio de novas esferas cognoscíveis até a inserção histórica da práxis jurídica preocupada com a transformação libertária, em nítida opção na direção do sentido político e ético do direito. Para além do "senso comum teórico" dos juristas, na expressão de Warat, enxerga nas opacidades e nos silêncios do solo epistemológico dominante do direito a possibilidade da instauração de saberes sociais e jurídicos alternativos.

A preocupação acadêmica do Autor com o direito resultou em texto que, no início, penso, finca os pés no solo de um saber filosófico, jurídico e científico precisos: o chamado paradigma epistêmico.

Procura desmontar o paradigma da modernidade, em muitos dos elementos que o compõe, principalmente no modelo recepcionado no mundo jurídico. A criticidade da reflexão propicia sucesso no intento, com o anúncio de um saber jurídico apto a conceber o Direito para além da compreensão do saber proporcionado pelo paradigma da razão instrumental dominante. Denuncia a episteme positivista em crítica precisa ao mostrar que o conhecimento não pode reduzir-se ao modelo preconizado pela razão instrumental moderna e que atingiu seu apogeu na versão positivista/cientificista. Vislumbra, desde então (1983), a necessidade da distinção entre a dogmática jurídica e o dogmatismo jurídico. Dirige sua crítica ao dogmatismo para elaborar nova compreensão do direito e novas possibilidades na práxis jurídica, agora desde uma dogmática com novos postulados.

Desta forma, parte do paradigma epistêmico tradicional, superando-o dialeticamente pela crítica, prepara o novo solo epistêmico — epistemologia crítica — para dar fundamento consistente à dimensão histórico-político-social a ser efetivada pelo saber jurídico e pelo direito. Desde então, no texto, não cedeu à repetição do existente — positivismo da dogmática hegemônica — e postulou o anúncio de versão jurídica emancipatória.

Neste seu anúncio de compromisso com a instituição do novo, o texto persegue criticamente as pegadas que desde o século XVII instauraram a modernidade como subjetividade pensante, de um sistema que tem a pretensão pan-óptica de penetrar nos mais recônditos mistérios do humano — para tudo poder regular —, acreditando, no entanto, no direito como instrumento necessário, mesmo que modesto, na ordem da emancipação.

A estrada da subjetividade moderna não é abandonada. Nem poderia sê-lo. Os pensamentos moderno e contemporâneo situam-se no horizonte dessa subjetividade epistêmica, quase que inevitavelmente. E também este o caso deste livro.

Mais recentemente fala-se em crise do paradigma epistêmico dominante, o paradigma da modernidade. O momento é de *transição paradigmática* entre o paradigma da modernidade — marcadamente cognitivo/pensante — e o paradigma emergente — que por ora desenha-se pela necessidade da *negação* do paradigma epistêmico e societal da modernidade e ao mesmo tempo o anúncio de sua superação. A *crise* indica que os instrumentos de racionalização da vida coletiva da modernidade ocidental capitalista — a ciência moderna e o direito dominante — ao reduzirem o potencial emancipatório inscrito no próprio projeto moderno requerem compreensão que permita o anúncio do novo na esfera do saber em geral e do saber jurídico em particular.

Nesse contexto, o autor rejeita o paradigma tradicional e dominante da racionalidade científica que preside a ciência moderna desde o domínio das chamadas ciências naturais, cuja episteme foi recepcionada no século XIX pelas ciências sociais então emergentes e que afastava qualquer outro tipo de saber potencialmente perturbador. O saber jurídico dominante que recepcionara a episteme positivista, desde então, ao proclamar a *neutralidade* do sujeito, a *transparência* do objeto e mais tarde a *pureza* da linguagem é rechaçado no texto. E a partir dessa *negação* dialética recupera-se na esfera do saber jurídico as dimensões do *político* no sujeito, da *complexidade* no objeto e do *pragmático* na linguagem, para dizer o mínimo.

É das contradições internas do paradigma dominante que nasce sua refutação. Amparado em pensadores como Foucault, Poulantzas, Althusser, Lukács, Miaille e outros relativizam as pretensões cognitivas totalizadoras da racionalidade cognitivo-instrumental da modernidade, apontando o caráter histórico e ideológico do saber como *construção* humana. A relativização do caráter instrumental do saber jurídico permite que se vislumbre — é isso que o texto revela —, a possibilidade de um saber jurídico emancipatório, originariamente porque denuncia o sentido ideológico do discurso cientificista e teoricamente porque permite a produção de um saber emergente contra-hegemônico.

Além da superação do paradigma epistêmico tradicional através de uma epistemologia jurídica crítica, outro desdobramento relevante é anunciado desde o início do livro: a questão *hermenêutica*. No momento em que vivemos uma anunciada transição paradigmática, uma das direções mais fortes da especulação aponta para a *razão hermenêutica*, desde as teorias de Heidegger, Gadamer e Rorty. Embora não tenha trabalhado diretamente com estes autores, nem tenha nela o objeto principal de sua reflexão, inclui teórica e metodologicamente a hermenêutica como o *telos* a guiar o novo saber jurídico. Portanto, se o marco inicial da reflexão do autor tem um lugar definido — o paradigma da epistemologia moderna e contemporânea —, a intencionalidade de seu pensamento aponta na direção do paradigma emergente — o paradigma hermenêutico — sem descuido da noção de superação dialética, presente no texto e representada pelo "não e o sim" e pelo "sim e o não".

Penso que estas são importantes direções — do paradigma epistêmico dominante para uma epistemologia crítica e desta para uma *hermenêutica compreensiva* — da reflexão em seu traço cognitivo-metodológico.

Por fim, gostaria de sublinhar, para além do contexto cognitivo-metodológico, a legitimidade fundante da opção prenunciada: o manifesto interesse da *libertação*. A instituição do novo — novo saber, novo saber jurídico, novo Direito — está eticamente radicada nas classes populares. Daí a necessidade de uma razão crítica e/ou de uma *teoria crítica do direito* para criticar o que existe, o que nele é criticável, e anunciar a instauração do novo como *esperança legítima* daqueles que são as *vítimas* das privações e dos excessos da modernidade capitalista periférica, principalmente. Denunciar o saber jurídico e o direito dominante — tanto em sentido deôntico como ideológico — sempre que seu caráter instrumental se transforma num aparelho de opressão e injustiça. Anunciar um saber e uma práxis jurídica mantendo um compromisso ético com as classes populares tem seu fundamento num princípio da ética, especialmente das éticas críticas, que é o "princípio da obrigação de produzir, reproduzir e desenvolver a vida humana de cada sujeito ético em comunidade".[2] Um novo saber jurídico e um novo Direito terão a exigência ética realizada, em seu momento material, desde que sua fonte epistêmica originária tenha o compromisso com as *verdades* que denunciam a precariedade da produção, reprodução e desenvolvimento da vida humana concreta das classes populares, situadas muitas vezes ou na maior parte dos casos abaixo da linha de pobreza. A legitimidade da opção por um saber jurídico e um Direito de libertação das classes populares fundamenta-se, ainda, do ponto de vista teórico, na *afirmação* do *novo* a partir da *negação* do já dado. A desconstrução é um processo negativo, crítico do "já dado", para permitir a passagem ao novo como *afirmação* dos necessários direitos à produção, reprodução e desenvolvimento da vida humana concreta e todos os demais direitos necessários para efetivação desta condição fundante. A negação sistemática do princípio ético material — que tem a pretensão da universalidade — pela lógica do sistema capitalista globalizado tem como vítimas exatamente as classes populares. Da mesma forma, os consensos jurídicos hegemônicos participam da hegemonia, legitimando a lógica da dominação, gerando a exclusão de grande parte das classes populares do acesso aos direitos fundamentais, inscritos na exigência básica do direito à produção, reprodução e desenvolvimento da vida concreta, num dado momento histórico e cultural de cada sujeito.

Assim, julgar o paradigma epistêmico positivista da modernidade, o saber jurídico e a concepção hegemônica do direito dominante como obstáculos no caminho da transformação histórica compromissada com *a libertação e a dignidade humanas*, representa o necessário momento da *negatividade* como condição de possibilidade de *afirmação* do ponto de partida da crítica: as vítimas. Aqui, claro, refiro-me às vítimas como seres humanos concretos atingidos em sua condição material, em sua corporalidade. Há, no entanto, vítimas em todo sistema. Mesmo que as "vítimas" sejam os "saberes" excluídos do sistema epistêmico dominante. Ou as "vítimas" que há em todo sistema jurídico hegemônico, pois os "direitos alternativos" restam excluídos. Por isso e por outras razões, é claro, necessitamos da teoria crítica para alcançar o ponto de partida originário — fundamento de uma juridicidade comprometida com a emancipação e ou libertação dos que são dominados pela lógica concreta do sistema vigente.

---

[2] DUSSEL. *Ética da libertação*: na idade da globalização e da exclusão, p. 93.

Sendo assim, penso que, como já disse em outro lugar Clèmerson Merlin Clève, a direção política, ética e jurídica do texto não se justifica pela opção antropologicamente "simpática e amiga dos pobres", "das classes populares...", mas se impõe como uma necessidade de fundamentação epistêmica, ética e política de afirmação da liberdade e dignidade humanas negadas materialmente pela lógica da dominação do sistema —, em compromisso manifesto com as classes emergentes. O autor conseguiu com sabedoria articular sua *teoria crítica* com um *sujeito social histórico* — as classes populares —, que no texto surgem como exigência de um novo Direito e um novo saber jurídico. Eis aí, esboçada a pretensão de validade contra-hegemônica na esfera da atuação jurídica.

No início eu dizia que o presente livro representa não só a *descrição* da lógica do saber e do direito dominantes, mas elabora uma *teoria* acerca desse fenômeno. Esta constatação se confirma plenamente no texto, pois o autor se preocupou constantemente com a *função* da razão crítica, como o leitor poderá observar na leitura desta oportuna e estimulante obra.

Feliz a ideia da reedição. Necessário o conteúdo do texto.

Celso Luiz Ludwig
Professor Doutor da UFPR.

PRÓLOGO

Aceitemos o desafio de procurar novos caminhos para, utilizando a expressão de Ferreira Gullar, acender mais *uma luz no chão*; uma pequena chama para iluminar o espaço envolto em dúvidas e perplexidades.

Se queremos pensar o direito contemporâneo, cumpre questionar as várias teorias jurídicas ocupadas em definir, apenas, *o que é direito*, procurando, ao mesmo tempo, resgatar a materialidade de um saber destinado a estudar-interpretar-elucidar o fenômeno jurídico. Com base em tal questionamento, cabe verificar a possibilidade de um saber que, negando-se a falar em nome da ciência, procure compreender, historicamente, o fenômeno jurídico.

O presente estudo não quer se manifestar como discurso filosófico ou jurídico-científico ou sociológico do direito. O que se propõe é um trabalho, sem território de referência próprio, de investigação interpretativa e elucidativa do direito. Por *interpretação* entende-se não a hermenêutica convencional dos juristas em busca de um certo sentido oculto sob os grafismos normativos, mas a procura de uma visão compreensiva do jurídico atual. Por *elucidação*, chamaremos "o trabalho pelo qual os homens tentam pensar o que fazem e saber o que pensam".[1]

A discussão que ora propomos decorre de um interesse manifesto: a emancipação. Pensamos que a realidade jurídica não será modificada por novas Escolas que proponham, eventualmente, novas ontologias ou teorias jurídicas. A realidade não se modifica através de conceitos, senão que através dela mesma. Pretendemos, portanto, discutir a possibilidade de um saber que, propondo-se a ultrapassar as preocupações meramente instrumentais, procure elucidar o direito em suas múltiplas facetas, mas, todavia, oferecendo bases teóricas para sua transformação prática. Não fugimos, pois, da articulação teoria-práxis, muito embora nossa pesquisa assuma um caráter eminentemente teórico. Quanto ao aspecto da emancipação, coincidimos politicamente (e parte, também, em teoria) com aqueles que têm trabalhado incansavelmente em busca de novos

---

[1] CASTORIÁDIS. *A instituição imaginária da sociedade*.

rumos para o discurso jurídico, tendo em vista certo compromisso ético com a dignidade da pessoa humana.

Nossa opção política exigiu a procura de uma teoria do direito aberta à possibilidade de captar a transformação histórica e política de seu objeto, e compromissada com a emancipação e dignidade humanas. Com isso, nos vimos forçados a impor algumas traições à epistemologia jurídica convencional. O presente texto não separará as esferas de análise da sociologia do direito e da filosofia. Os dualismos *quid iuris-quid ius* e *jus strictum-jus aequum*, fundadores da separação desses saberes, serão marginalizados. Cremos que o direito deve reincorporar a problemática da justiça, do direito justo, esquecida após o advento do positivismo. Mas, para tanto, não suplicaremos a Zeus para que envie sua esposa Themis e sua filha Dikê[2] para junto de nós. É que os homens devem construir a história e o direito com as suas próprias mãos, ainda que isso pareça impossível.

Uma segunda traição refere-se à linguagem manejada. Dada a complexidade da matéria, ao invés de delimitarmos rigorosamente o terreno de problematização teórica de cada capítulo, formulando uma tese abrangente que, ao final, restaria demonstrada, optamos pela fluência discursiva. Este discurso, então, é marcado pelo aspecto da *fala* e não da *construção escrita*. Concretiza, graficamente, o desenvolvimento de um *pensar* em voz alta. Valendo-nos de uma metáfora de Castoriádis, diríamos que este é o prólogo não de uma construção impecável, esteticamente harmônica e estruturalmente perfeita, tal como um edifício pronto de boa arquitetura, mas, ao contrário, é a apresentação de um edifício em andamento construtivo, cujos andaimes, escadas e estacas não foram removidos porque serão ainda úteis, e o qual só pode ser julgado pela solidez de seus alicerces fundantes e pelas boas intenções do arquiteto ou engenheiro responsável. O que não impede que, até o final da construção, várias modificações possam ser efetuadas.

Algo deve ser dito quanto à justificação da verdade em nosso discurso; não o justificaremos apelando a uma certa cientificidade de suas *démarches*.[3]

Devemos fugir das meras opiniões, e para tanto, a busca de um rigor de pensamento é inevitável. Entretanto, não falaremos em nome da ciência, ou desta ou daquela *theoria*. E, antes de ouvirem a *theoria*, ou o

---

[2] V. COELHO. *Introdução histórica à filosofia do direito*, Capítulo II.
[3] Isso não significa dizer que tal justificação é ilegítima.

logos, ouçam este *alguém* — na verdade um *nós*[4] — através do qual fluem estas linhas marcadas tanto pela *episteme* de nosso tempo, como pela *traição* que a ela tentamos impor. Não há saber neutro, ainda quando tenha satisfeito as exigências da epistemologia mais rigorosa; mesmo que, ao falar, nos ocultemos sob a manta invisível da *theoria*; e mesmo que discursemos não nossa fala, mas o *logos*; ainda assim seremos nós a dizer.[5] E nada é dito gratuitamente.

Os capítulos iniciais (capítulos 1 e 2) reúnem algumas anotações à margem da epistemologia jurídica. O *à margem* do período acima guarda, antes de qualquer coisa, e de qualquer coloração retórica, uma função operacional: é um recorte. Ou, antes, uma relativa delimitação do nosso solo de teorização. Lembremos de Lacan, para quem o intérprete, ou decodificador, ou melhor, o homem, antes de ler o que a linguagem fala, deve revelar o que ela deixa de dizer; deve procurar os sentidos silenciados pelo discurso.[6] Esta ideia tem uma importância justificada neste momento. Ela poderá, de algum modo, clarificar o objeto de nossas preocupações em relação ao nível epistemológico da ciência do direito.[7]

Antes de elaborarmos um discurso sobre a epistemologia do direito, procuramos revelar o que o pensamento dominante sobre o saber jurídico não fala. Com isto, nossa trajetória *à margem da epistemologia jurídica* tenta marcar a especificidade do universo dos capítulos iniciais. Neles não tentamos justificar a tão propalada cientificidade do direito; antes, questionaremos acerca da necessidade dessa justificativa.

Cabe neste ponto um rápido parêntese. Com alguma frequência o termo epistemologia é identificado com o referente à parte da filosofia

---

[4] Sobre o eu-nós, Caetano Veloso disse:
"Sou um homem comum
Qualquer um
Enganando entre a dor e o prazer
Hei de viver e morrer
Como um homem comum
Mas o meu coração de poeta
Projeta-me em tal solidão
Que às vezes assisto a guerras
E festas imensas
Sei voar e tenho as fibras tensas
E sou um
Ninguém é comum
E eu sou ninguém (...)
Escuto a música silenciosa de Peter Gast
Sou um homem comum." (Peter Gast, *in*: *Uns*)
[5] CASTORIÁDIS. *A instituição imaginária da sociedade*, p. 14.
[6] MAGNO. *Senso contra censo da obra-de-arte etc.*: instrução a uma semasionomia.
[7] COELHO. *Teoria da ciência do direito*, p. 6.

ligada à teoria do conhecimento que "estuda o alcance, os limites e o valor do conhecimento humano e os critérios de validade destes conhecimentos".[8] Miguel Reale, por exemplo, encara a epistemologia jurídica como desdobramento da Ontognoseologia jurídica, esta tendo por fim "determinar a fundação cognoscitiva do Direito; em sua integralidade, indaga de sua consistência 'ôntica' e da correlata estrutura 'lógica', isto é, dos pressupostos universais, ao mesmo tempo *subjetivos* e *objetivos*, da realidade jurídica".[9] Neste sentido, para Reale, a epistemologia nada mais é do que uma parte especial (ao lado das demais: Deontologia e Culturologia[10]) de uma filosofia maior, a Ontognoseologia jurídica.

Segundo Coelho "o termo epistemologia — em francês *èpistemologie*; em alemão *wissenschaftslehre* — designa a filosofia das ciências". É, pois, "uma teoria da ciência, um estudo sistemático dos pressupostos, natureza e valor do conhecimento científico; é, também, o estudo de cada ciência em particular, a definição de seu objeto, método, natureza, importância e relações com as demais ciências".[11] Nesse sentido, a epistemologia jurídica seria uma filosofia da ciência do direito preocupada com os seus pressupostos de cientificidade, de coerência conceitual e de normatividade discursiva, bem como com os padrões de regularidade criados e impostos espaço-temporalmente pela comunidade científica. Aceitando-se tais colocações, as notas dos capítulos 1 e 2 tomariam, nitidamente, o caráter de epistêmico-jurídicas. Há que se entender, porém, que, sempre alertando sobre o caráter praxeológico do saber jurídico,[12] os juristas tendem a conformar a epistemologia jurídica a partir de uma visão sistemática do direito positivo, entendida como um mergulho na prática jurídico-doutrinária. Aqui radica a distinção entre a análise que propomos e aquela à qual está ligada a maioria dos juristas.

As notas dos dois primeiros capítulos são, portanto, à epistemologia. Conquanto constituam notas identificadas com certo tipo de filosofia que estuda os pressupostos de cientificidade do conhecimento jurídico, não se desenvolvem como uma tentativa de justificação da atividade do jurista como científica. Ao contrário, seguem caminho diverso. Marginais à epistemologia também porque, a partir de Bachelard

---

[8] COELHO. *Teoria da ciência do direito*, p. 6.
[9] REALE. *Lições preliminares de direito*, p. 84.
[10] A Deontologia Jurídica estudaria os valores éticos do direito (problema do fundamento do direito). A Culturologia cuidaria do "sentido da história do direito (problema da eficácia do direito)". Cf. REALE. *O direito como experiência*, p. 87.
[11] COELHO. *Teoria da ciência do direito*, p. 87.
[12] ALVAREZ. *Pressupostos epistemológicos para o estudo científico do direito*, p. 11. Também REALE. *O direito como experiência*, e COELHO. *Teoria da ciência do direito*. Este último em sua primeira fase apegada a um normativismo denominado de dialético.

e Canguilhem,[13] a epistemologia vem se mostrando cada vez mais como história conceitual das ciências, ou seja, como uma história da descontinuidade do progresso da razão. E tais notas não tratam da historicidade epistemológica da ciência do direito. Com isso, parece ficar claro que não faremos, e duplamente, epistemologia do direito mas, antes, empreenderemos algumas "anotações à margem da epistemologia jurídica".

Nos capítulos finais o direito será enfocado enquanto problema teórico-político. Sugerida, nos capítulos precedentes, a impossibilidade do acesso do saber jurídico ao estatuto de cientificidade, e uma vez afastada a hipótese de uma disciplina que apenas descreva, fenomenicamente, seu objeto sem qualquer condição de compreendê-lo, cumpre-nos procurar outro tipo de discurso apto a "interpretar-elucidar" o direito contemporâneo. Para tanto, cumpre explorar as análises convencionais tomadas pelo positivismo, tentando desvendar a relação existente entre o direito positivo e o real imaginário. Parte-se da hipótese de que o positivismo não é apenas uma oclusão ideológica e impeditiva do conhecimento da verdade jurídica; pesquisaremos as bases históricas e políticas que o exigiram, analisando os fundamentos de sua realidade. O positivismo não é, em nossa hipótese inicial, apenas uma doutrina deturpadora da realidade fenomênica do direito, mas é a face aparente e textual do direito modernamente. Reside neste ponto a possibilidade, e tentaremos fazê-lo, de recuperar o universo do político para as análises jurídicas. Sem este resgate não há possibilidade de um discurso capaz de interpretar o direito capitalista. Aliás, serão as relações de poder que obrigarão o direito a assumir sua atual forma. Um direito intimamente vinculado ao Estado, embora mantendo certa autonomia.

A ossatura do direito capitalista confunde-se, até certo ponto, com a ossatura do Estado e, quanto a isto, o positivismo expressa essa condição. O elogio da lei que este promove não passa de manifestação automática de uma realidade recente, da qual, em subitem específico, tentaremos esboçar a gênese.

Caracterizando o direito contemporâneo como um direito estatal materializado, procuramos justificar duas teses. Primeira: o jurídico não é mero aporte superestrutural, um corpo-objeto, ideológico e de consistência fantasmagórica, fruto de um delírio dos juristas. É, antes, algo historicamente concreto. Por outro lado, se o direito é algo concreto, ele não possui a consistência de uma coisa-sujeito, com capacidade para disciplinar, regular ou ordenar o mundo. Esta é a segunda

---

[13] V. COELHO. *Lógica jurídica e interpretação das leis*, especialmente o Capítulo XI, "Para uma hermenêutica jurídica crítica". Também MACHADO. *Ciência e saber*: a trajetória da arqueologia de Foucault.

tese. O direito está imerso na historicidade e, assim como influencia o curso dos acontecimentos, é também determinado por ele. Ora, para elucidarmos as múltiplas facetas de nosso objeto, vendo-o articulado com os demais ingredientes que espaço-temporalmente o influenciam, o acesso à categoria da "instância jurídica" é inevitável. Acompanhando Poulantzas, proporemos uma análise que aceite tanto a dimensão política e material do direito, como sua relativa autonomia. Se a instância jurídica está situada num todo único e articulado, o "modo de produção", está de tal modo a se comunicar com as demais instâncias: como econômico, com o político, etc. E, neste caso, não apenas efeito do econômico, mas condição para a existência dele. Esta autonomia encontra suas raízes nos fundamentos do modo de produção capitalista.

Compreendido o jurídico como materialidade histórica e política, cabe caracterizá-lo como um espaço de luta. É este o momento em que se defende a necessidade de um saber que, ao mesmo tempo em que compreenda seu objeto historicamente, mantenha um compromisso ético com a busca da *dignidade humana*.[14] Um saber jurídico aberto aos *direitos* politicamente conquistados. Na verdade, um pensamento conhecedor do instituído, mas voltado para o novo, para o vir a ser fundante e instituinte.[15]

Diante do exposto resta justificado, e duplamente, o título do estudo: *o direito e os direitos*. Do ponto de vista metodológico, outra expressão dificilmente poderia favorecer a imagem de um discurso que, questionando a cientificidade das disciplinas jurídicas, se distancia do propósito de encontrar paradigmas epistêmicos próprios para a ciência do direito, e preocupada em compreender seu objeto, convive, comunicando-se continuamente, com outras interpretações possíveis, abandonando, em consequência, a busca do monopólio da expressão da verdade jurídica. Por outro lado, e nessa mesma perspectiva, o título pretende sintetizar a condição de um texto que, consciente da não gratuidade dos discursos, manifesta compromisso com o rigor de suas análises, reconhecendo, todavia, tanto os condicionamentos políticos-ideológicos que maculam os saberes, quanto a impossibilidade prática e teórica da *fala* resultante de um processo cognoscitivo solitário (fruto do *eu-só*). Eis por que a dissertação opta pela linguagem articulada na primeira pessoa do plural: o *eu-nós*.

---

[14] Sobre isso, v. BLOCH. *Derecho natural y dignidad humana*.
[15] Sobre o conceito de *instituído* e *instituinte*, consultar CASTORIÁDIS. *A instituição imaginária da sociedade*, p. 414-418. Também CHAUÍ. *Cultura e democracia*: o discurso competente e outras falas, p. 3-15.

Do ponto de vista teórico-político, a expressão que serve de título tem o sentido de, reconhecendo a pretensão ao monopólio da produção jurídica pelo Estado moderno, abrir caminho à absorção, pela análise jurídica, das esferas política e histórica, possibilitando a emergência de um saber instituinte, pronto a promover a floração dos *direitos* (no plural), capacitados a devolver aos homens sua condição de humanidade roubada, ou seja, sua emancipação rumo à verdadeira igualdade.

CAPÍTULO 1

O SABER JURÍDICO E A MODERNIDADE

1.1 Ciência

Houve um tempo em que a dança ou uma atitude descontraída qualquer bastava para comunicar uma verdade. Mas, nesse tempo, nem os deuses haviam morrido, nem haviam levado Dionísio para o túmulo. E Apolo ainda não obrigara os tempos a assumirem sua racionalidade. Entretanto, apolíneo, desde Sócrates só o intelecto carrega a verdade.[16] Hoje, porém, o intelecto não é suficiente para comunicar a verdade, devendo alicerçar-se em um saber dotado de razão especial ao qual se convencionou chamar de ciência. Um saber que confere poder. Que saber? A resposta não é fácil. Parece ser tanto mais inacessível quando se leva em conta a multivocidade do significante que a informa. Algo que confere à racionalidade científica o paroxismo do enigma contrastante com sua inesgotável busca do objetivado e do verdadeiro. E, se os juristas, como ironicamente lembrou Kant "ainda procuram uma definição para seu conceito de direito",[17] o mesmo se pode dizer dos epistemólogos em relação à ciência.

Abordagem como esta, de certo modo, não escapa a Tercio Sampaio Ferraz Jr., que reafirma a não univocidade da significante ciência, principalmente porque "se é verdade que com ele designamos

---

[16] A respeito, v. NIETZSCHE. O nascimento da trajetória no espírito da música. *In*: NIETZSCHE. *Obras incompletas.*
[17] PEREIRA. *O direito como ciência*, p. 47.

um tipo específico de conhecimento, não há, entretanto, um critério único que determine a extensão, a natureza e os caracteres deste conhecimento".[18] Todavia, ainda assim é possível encontrar alguns pressupostos básicos e certas coordenadas epistêmico-normativas que autorizam uma prática teórica a assumir tipicidade que será denominada de científica. Afirmar que a ciência é constituída de um conjunto coerente, organizado, sistemático e conceitual de enunciados, "que visa transmitir de modo altamente adequado informações verdadeiras"[19] não é o suficiente para evidenciar a particularidade desse tipo de saber.

Para a filosofia das ciências contemporâneas,[20] a radicalidade da questão consiste na oposição entre o "senso comum" e a "atividade científica". Em que reside a negação recíproca entre os termos referidos? Esta negação é constante na produção científica do momento e ratificada por cientistas, filósofos e juristas,[21] notadamente após a introdução da categoria de "corte epistemológico", desenvolvida por Bachelard.

Se a ciência constitui um conjunto organizado, sistemático, coerente e conceitual de enunciados verdadeiros, conjunto que segue linhas metodológicas impostas pelas coordenadas espaço e tempo, infere-se daí que o senso comum não poderá assumir as mesmas qualidades.

Estudando os caracteres do conhecimento comum, Agostinho Marques Neto lembra que esse tipo de saber se faz "sobre a base da *opinião*, sem uma elaboração intelectual sólida". O conhecimento comum é "*assistemático*, sem nexo com outros conhecimentos, aos quais não se integra para com eles constituir um corpo de explicações lógicas e coerentes. É também *ambíguo* no sentido de reunir freqüentemente, sob um mesmo nome e numa mesma explicação, conceitos na realidade diferentes. É ainda, essencialmente, *empírico*, tomado o termo no sentido de que em virtude de seu caráter eminentemente *prático*, o senso comum permanece, por assim dizer, colado aos dados perceptivos, não fazendo abstrações, não generalizando, ou generalizando indevidamente, e sobretudo, não decorrendo da aplicação de métodos rigorosos, o conhecimento é causal".[22]

---

[18] FERRAZ JR. *A ciência do direito*, p. 9.
[19] FERRAZ JR. *A ciência do direito*, p. 10.
[20] Por filosofia das ciências contemporâneas entendemos as epistemologias crítica, dialética e histórica de epistemólogos como Bachelard, Canguilhem, Piaget e de alguns marxistas que se inserem nessa linha, como Althusser, Miaille e Poulantzas, os dois últimos não enquanto juristas mas enquanto epistemólogos.
[21] A respeito, consultar COELHO. *Lógica jurídica e interpretação das leis*. Também WARAT. *Mitos e teorias na interpretação da lei*. Ainda MARQUES NETO. *A ciência do direito*: conceito, objeto e método.
[22] MARQUES NETO. *A ciência do direito*: conceito, objeto e método, p. 35.

Com isto, não se está a sugerir a falsidade do conhecimento derivado do senso comum. Apenas que, por não se dar conforme uma racionalidade crítica e rigorosa, torna-se mais suscetível que o discurso científico ao erro. Por esse motivo, desde o século XIX, e com muito mais vigor agora, a ciência é considerada o lugar privilegiado da verdade. Isto já implica uma ideologia, o cientificismo, peculiar às sociedades industrializadas mais avançadas. Entretanto, se o senso comum, para a epistemologia contemporânea, não é sinônimo de falsidade, de mentira ou erro, isso não quer dizer que seja possível o desenvolvimento de uma ciência a partir dele, segundo uma continuidade linear e sem certa ruptura.

Com efeito, teses que sustentam não haver nenhuma distinção qualitativa entre o senso comum e o conhecimento científico, a não ser a evidência da maior elaboração e do maior rigor do segundo, sofreram sérias críticas de Bachelard e seus seguidores. Esse tipo de posicionamento, segundo Agostinho Marques Neto, é peculiar ao "empirismo — para o qual o conhecimento flui do objeto", saber que "pretende produzir conhecimentos em continuidade com o senso-comum, acrescentando-lhe sistematicidade, controle e rigor".[23] Este é o entendimento de Durkheim, por exemplo, para quem o ponto de partida do conhecimento especulativo é o saber vulgar ou prático.[24] Posição parecida ocupa Tercio Sampaio Ferraz Jr., para o qual "a ciência é constituída de enunciados que completam e refinam as constatações da linguagem comum".[25]

Uma das mais expressivas elaborações da atual filosofia das ciências é a noção bachelardiana do corte epistemológico. Segundo Bachelard, a categoria reflete uma ruptura que aparta o conhecimento científico do conhecimento comum. Corte que implica "uma nova forma de falar das ciências e das ideologias",[26] estabelecendo duas problemáticas distintas: uma problemática ideológica e outra científica; uma que será abandonada, outra que será assumida. Portanto, o corte determina mudança de problemática para o saber, abrindo espaço para as determinações da ciência. É o momento da fundação da ciência, em que serão ultrapassadas noções que impedem sua constituição. Por essa razão, se diz que a ciência não nasce a partir do senso comum,

---

[23] MARQUES NETO. *A ciência do direito*: conceito, objeto e método, p. 34.
[24] DURKHEIM. *As regras do método sociológico*, p. 83.
[25] FERRAZ JR. *A ciência do direito*, p. 10.
[26] JAPIASSU. *Nascimento e morte das ciências humanas*, p. 144.

mas "contra" e "apesar" dele. Há, nesse caso, uma "descontinuidade"[27] entre a razão e a percepção. Aquela se insurge contra esta, definindo um ponto de "não retorno", ou seja, "um ponto a partir do qual uma ciência começa; como o ponto a partir do qual uma ciência assume sua história, sua autodeterminação epistemológica, já não sendo mais possível uma retomada de noções pertencentes a momentos anteriores".[28]

Portanto, há uma descontinuidade em qualquer momento da história da ciência fundada entre esta e o saber que imediatamente a precede. A tese se insurge contra a concepção continuísta da história das ciências referida linhas atrás. Com isso, reafirma-se a não identidade entre *as démarches* do saber perceptivo ou cotidiano e as do saber científico.[29]

Entretanto, a descontinuidade da história do progresso da razão não se resolve no corte criador do binômio antagônico razão-percepção, pois é imanente à própria atividade científica. A questão da ruptura não se esgota no momento da fundação da ciência.[30] Mesmo depois de seu nascimento, o progresso da ciência realiza-se mediante rupturas sucessivas. Eis, a partir de Bachelard a face dialética da história das ciências. As fraturas, intracientíficas, são efetivadas por meio de "retificações" conceituais. Por isso, "todo conhecimento, por ser retificável, é essencialmente provisório".[31] Afinal, "sendo sempre limitado, parcial, o conhecimento é necessariamente menos rico e complexo do que a realidade a que se refere".[32]

Manifesta-se aqui, ainda que implicitamente, uma crítica ao positivismo, notadamente comtiano, defensor da possibilidade de um estágio definitivo do saber. Para as epistemologias históricas e dialéticas, isto é inimaginável. Até porque, se para as correntes baseadas na epistemologia causal-explicativa, no conhecimento, o vetor epistêmico caminha do objeto para o racional, diante da concepção segundo a qual o objeto estudado é transparente, a epistemologia contemporânea opera uma revolução nesse tipo de entendimento. A partir daí, entende-se o conhecimento como nascido a partir de uma relação dialética entre o sujeito cognoscente e o objeto referido. Neste caso, o vetor epistemológico corre, simultaneamente, em ambas as direções: do sujeito ao objeto;

---

[27] Sobre o conceito de *descontinuidade* epistemológica em Canguilhem, ver MACHADO. *Ciência e saber*: a trajetória da arqueologia de Foucault, p. 31.
[28] JAPIASSU. *Nascimento e morte das ciências humanas*, p. 144.
[29] MACHADO. *Ciência e saber*: a trajetória da arqueologia de Foucault, p. 36.
[30] MACHADO. *Ciência e saber*: a trajetória da arqueologia de Foucault, p. 37.
[31] MARQUES NETO. *A ciência do direito*: conceito, objeto e método, p. 12.
[32] CARDOSO. *O mito do método*, p. 4. Também MARQUES NETO. *A ciência do direito*: conceito, objeto e método, p. 12.

do objeto ao sujeito. Há uma espécie de reciprocidade entre os termos do binômio referido, que se completam relacionalmente. Entretanto, o real não é cognoscível, senão por intermédio de uma teoria. E porque o real (objeto) não é transparente, a ciência não poderá desempenhar o papel de uma câmara fotográfica.[33] Antes, o ofício da ciência é o de construir o real, que é o seu objeto particularizado de estudo. Para esta epistemologia, o imediato deve ceder lugar ao construído.[34]

Lembra Japiassu que o papel da ciência "é o contrário de uma leitura ou de uma tradução imediata da experiência vivida. O objeto das ciências é um objeto teórico construído, um objeto de pensamento, e não concreto".[35] Com isto, fica límpida a distinção entre o "objeto real" e o "objeto de pensamento". O objeto real designa o concreto inatingível em sua totalidade, enquanto o objeto de pensamento, o intermédio, construído pela racionalidade por meio de procedimentos crítico-reflexivos a fim de conhecer o primeiro. Eis por que, no dizer de Bachelard, o cientista é antes de qualquer coisa um inventor, um construtor. Sua prática é a ação teórica e construtiva.

1.2 Ciência e modernidade

Discorreu-se sobre o saber científico numa perspectiva genérica contrariando as posições histórico-epistemológicas de Bachelard e Canguilhem. Com efeito, para estes pensadores, é impossível definir *a priori* as condições de possibilidade do conhecimento científico.[36] Afinal, serão as ciências, concretamente, que, arranjadas criticamente pela epistemologia, proporão seus próprios critérios de cientificidade. Nesse sentido, não existe ciência, mas apenas ciências. A história das ciências nega a possibilidade da "existência de critérios de cientificidade válidos universalmente para todos os tempos".[37]

A ciência assim referida é uma ciência especial. Está-se a referir à ciência moderna, ou seja, àquela nascida no século XVII com a revolução galileana e com os postulados cartesianos;[38] ciência fundada a partir de

---

[33] CARDOSO. *O mito do método*, p. 2.
[34] MACHADO. *Ciência e saber*: a trajetória da arqueologia de Foucault, p. 36.
[35] MACHADO. *Ciência e saber*: a trajetória da arqueologia de Foucault, p. 47.
[36] MACHADO. *Ciência e saber*: a trajetória da arqueologia de Foucault, p. 47.
[37] MACHADO. *Ciência e saber*: a trajetória da arqueologia de Foucault, p. 47.
[38] "Foi Galileu quem introduziu um corte epistemológico na história do pensamento ocidental. Foi ele que rompeu com todo o sistema de representação do mundo antigo e do mundo medieval. Com ele, o pensamento rompeu com a Renascença. Ele é o antimágico

uma ruptura sofrida pela epistemologia, por meio da qual se concluiu o processo de transição da era científica da "representação"[39] (que, segundo Foucault, designa o conhecimento clássico dos séculos XVII e XVIII), para inaugurar a "era da positividade", ou seja, uma nova concepção correspondente à ciência contemporânea.[40]

A nova ciência foi produzida pela mudança histórica dos pressupostos científicos da racionalidade ocidental, ou seja, mudança qualitativa da "episteme" que informa as ciências. A "episteme" substancia categoria formulada por Foucault e largamente utilizada por ele em *Les mots et les choses* para levar a termo uma arqueologia das ciências humanas.

Em *As palavras e as coisas*,[41] estudando a constituição do que se convencionou chamar de ciências do homem na modernidade, Foucault

---

por excelência. De forma alguma se mostra interessado pela variedade das coisas. Aquilo que o fascina é a idéia da física matemática, da redução do real ao geométrico. É o primeiro espírito verdadeiramente moderno. Encarna, nos últimos anos do século XVI e nas primeiras décadas do XVII, a concepção mecanicista do saber que, vencendo pouco a pouco os obstáculos aparentemente insuperáveis, definirá, doravante, o ideal científico e o código de procedimento de todo e qualquer conhecimento com pretensões de rigor." Com isto, percebe-se, que "foi Galileu, e não Copérnico, quem inaugurou a revolução científica moderna. A chamada revolução copernicana foi criada por Kant no prefácio à segunda edição da *Crítica da Razão Pura* (1787) para designar a inversão de perspectiva introduzida na concepção da astronomia, pelo *De revolutionibus orbium coelestium* (1543)" de Copérnico. Entretanto, se com este filósofo a terra deixou de ser o centro do mundo físico, continuou a ser o centro do mundo metafísico. "De onde se poder duvidar que Copérnico tenha sido o iniciador da revolução astronômica. Ademais, suas teses não constituíam nenhuma subversão para as consciências. Não eram perigosas. A inquisição praticamente as ignorou. Só veio a condenar o heliocentrismo em 1616, quase oitenta anos depois da morte de Copérnico. Mas a presteza com que condenou as teses de Galileu atesta que foi ele quem introduziu realmente a subversão, a confusão e o escândalo nas consciências. As teses de *De revolutionibus* propõem um esquema explicativo seguindo a mesma linha do pensamento de Ptolomeu. Não propõem uma teoria fundada na conjunção da observação e das matemáticas" como o faz Galileu. As concepções galileanas estarão presentes também em Descartes. V. JAPIASSU. *Nascimento e morte das ciências humanas*, p. 26-27, 42.

[39] "(...) a representação se caracteriza antes de tudo de modo bastante clássico, tal como é proposta por Descartes na *Regulae ad Directionem Ingenii* e como intervém nas formas clássicas de constituição da matemática e da física matematizado do século XVII, cuja primeira grande obra sintética aparece com Newton: *Philosophia naturalis Principia Mathematica*. Desse ponto de vista, o sistema newtoniano é constituído pela doutrina das idéias claras e distintas de Descartes, que substitui o jogo das identidades e das diferenças pelo jogo das similitudes, no momento em que se trata de compreender as noções e de constituí-las. Ao se tentar estruturar a compreensão das noções, privilegiam-se os esquemas da ordem e da medida como princípios organizadores do conhecimento científico. Este vai buscar seu estímulo, sua animação, seu princípio estruturante e organizador na idéia de uma *mathesis universalis*." V. JAPIASSU. *Introdução ao pensamento epistemológico*, p. 119.

[40] JAPIASSU. *Nascimento e morte das ciências humanas*.

[41] Temos em mãos a edição portuguesa de *As palavras e as coisas*, traduzida do francês (Lisboa: Portugália, 1967).

descobre, em épocas distintas, diversas ordens internas constitutivas dos saberes. Algo que, vindo de uma profundidade resgatável, conforma a existência necessária de uma ordem, de um princípio de ordenação histórica dos saberes, anterior à ordenação do discurso estabelecida pelos critérios de cientificidade e dela independente.[42] Esse algo é, para Foucault, a "episteme", ou *épistémè* enquanto "ordem específica de saber, uma configuração, a disposição que o saber assume em determinada época e que lhe confere uma positividade enquanto saber".[43] Positividade diferente da positividade característica do discurso científico, porque anterior a esta. Trata-se, antes, como lembra Roberto Machado, de uma homogeneidade descoberta na generalidade dos saberes e resgatada da profundidade dessa multiplicidade e heterogeneidade. Homogeneidade dentro da heterogeneidade. Foucault conseguiu, analisando diferentes saberes, assinalar certas continuidades sincrônicas ao lado de descontinuidades diacrônicas,[44] que autorizam falar de epistemes distintas, impondo certas redes de necessidades distintas para os saberes conforme a época: "em uma cultura e em dado momento só existe uma episteme, que define as condições de possibilidade de todo saber".[45]

A *episteme*, portanto, enquanto constitui um campo, uma estrutura ou um sistema coerente que, provindo de processos epistemológicos realizados no tempo, determina os *a priori* históricos,[46] estabelecendo configurações específicas para a racionalidade segundo "princípios de ordenação do saber".[47] Os *a priori* referidos são os históricos, os quais não se confundindo com os *a priori* formais kantianos, autorizam a falar em estágios, ou em eras do saber, e a partir destas, em estágios ou eras da ciência. Ou seja, em solos epistemológicos únicos para cada época e cultura.

Em *Les mots et les choses*, Foucault descortina três momentos da episteme ocidental. Um estágio antigo, medieval, dominado pela ciência grega, que pode ser chamado de "estágio da intuição"; o estágio da ciência moderna clássica que pode ser chamado de "era da representação",

---

[42] MACHADO. *Ciência e saber*: a trajetória da arqueologia de Foucault, p. 148.
[43] MACHADO. *Ciência e saber*: a trajetória da arqueologia de Foucault, p. 149.
[44] MACHADO. *Ciência e saber*: a trajetória da arqueologia de Foucault, p. 149.
[45] FOUCAULT. *As palavras e as coisas*: uma arqueologia das ciências humanas, p. 179.
[46] "Este *a priori* é o que, em dada época, recorta na experiência um campo de saber possível, define o modo de ser dos objetos que nele aparecem, arma o olhar cotidiano de poderes teóricos e define as condições em que se pode anunciar sobre as coisas um discurso reconhecido como verdadeiro." V. MACHADO. *Ciência e saber*: a trajetória da arqueologia de Foucault, p. 150.
[47] JAPIASSU. *Nascimento e morte das ciências humanas*, p. 149.

e, finalmente, a partir do século XIX, até agora, o terceiro estágio, ou "era da positividade". A primeira delas é designada pela *razão*, enquanto com a última "tem início a era do *entendimento*, a assimilação científica dos valores de positividade".[48]

A *representação*, como forma de episteme clássica, a partir de Descartes, designa um conjunto de procedimentos metodológicos e de princípios ordenadores do saber fundadores de uma ciência estruturada a partir de esquemas de ordem e medida, gerando "um sistema de organização binária igual ao da representação por um quadro: de um lado, o que é representado, do outro, o quadro representante". Nesse sentido, "as constatações se deixam facilmente assinalar na forma lisa da teoria".[49]

Entretanto, esse tipo de entendimento, pretensamente claro e cristalino como a geometria, não permanecerá por muito tempo. A partir dele aparecerá um processo que inaugura um novo modo de conhecer. Aqui, a importância do encadeamento conceitual e do manejo eficaz das proposições passará a substituir a transparência ilusória das significações da linguagem representante. Então, a "cultura intelectual da positividade" difundirá uma concepção de ciência segundo a qual "é na experiência do engano da idéia e daquilo que se deve fazer para não se cair nele" que se funda a atividade científica.[50] Daí, até agora, a teoria não mais corresponderá, de modo imediato, à verdade das coisas. O império da "noção" (ideia clara que se identifica com a natureza das coisas) cede lugar ao império da "proposição" (síntese de encadeamentos conceituais coerentes que afirmam a verdade aproximada e provisória sobre o real, objeto real, porém, sempre "mediada" por um "objeto de conhecimento", previamente construído, e portanto, refutável). Com isso, pode-se dizer, como Foucault: houve um tempo em que as palavras diziam as coisas.

1.3 O solo epistemológico das ciências humanas

O que foi referido até aqui já autoriza o ingresso na problemática epistemológica das ciências humanas, entre as quais se situa o direito. Importa lembrar que as ciências humanas, não convencidas da especificidade de seu objeto (o homem), de sua problemática (os homens) e

---

[48] JAPIASSU. *Nascimento e morte das ciências humanas*, p. 17.
[49] JAPIASSU. *Nascimento e morte das ciências humanas*, p. 67.
[50] JAPIASSU. *Nascimento e morte das ciências humanas*, p. 67.

do espaço que ocupam entre os saberes — espaço caracterizado pela singularidade de algumas disciplinas que, tendo o homem como sujeito de uma prática cognoscitiva, têm-no também como objeto dessa mesma prática —, lançam mão, regularmente, dos pressupostos epistêmicos das ciências naturais a fim de se justificarem como ciências e para legitimarem suas *démarches* como as *démarches* de uma racionalidade dotada de rigor e competência. Isto porque, libertando-se da tutela da filosofia, as ciências do homem viram-se jogadas no mundo sem um terreno epistemológico definido, sofrendo a condição de órfãs de pressupostos e critérios de cientificidade. Disto decorre a prática reiterada da importação dos cânones de ordem normativo-epistêmica de que se valem as ciências naturais. Assim, "o problema metodológico central das ciências humanas, desde a época de sua constituição até nossos dias, consiste em saber se elas podem ser construídas, ou não, sobre o modelo das ciências naturais".[51]

Problema aparentemente insolúvel. Afinal, o discurso que caracteriza a cientificidade é o discurso crítico, autocontrolado, organizador de seus próprios procedimentos, tanto em busca de um rigor conceitual como em busca de um fundamento de validade para esses conceitos. E, como "não há um fundamento último e absoluto para as ciências, capaz de fornecer-lhes uma justificação cabal",[52] as disciplinas humanas permanecem num clima de insegurança, validando suas *démarches*, ora em função desta epistemologia, ora em função daquela outra.

Nesse sentido, o solo epistemológico das ciências do homem constituiu-se, por muito tempo, sobre os modelos explicativos de ciência conformados ou pelo eixo da ciência rigorosa (prioridade dos métodos quantitativos sobre os qualitativos; rigor discursivo em busca de uma univocidade, como a linguagem matemática e da física matematizada; formalismo segundo regras determinadas *a priori*) ou pelo eixo da biologia (modelo que fornece verdades enraizadas no conjunto de exigências criadas pela vida; evolucionismo por exemplo). Essa colocação talvez seja por demais esquemática. Mas servirá por ora. As ciências humanas começaram reclamando, como as demais ciências, uma postura do sujeito em relação ao objeto cognoscitivo que o encarasse como coisa. Nas ciências sociais, por exemplo, "essa posição se traduz no naturalismo, que, em síntese, sustenta que os fatos sociais, embora autônomos, são

---

[51] JAPIASSU. *Nascimento e morte das ciências humanas*, p. 99.
[52] JAPIASSU. *Nascimento e morte das ciências humanas*, p. 98.

também naturais e, portanto, passíveis de observação tão rigorosa e neutra como os próprios fatos da natureza".[53] Este é o caso de Comte e Durkheim, por exemplo.

Eis a situação das ciências do homem, preocupadas em apreender o "método científico", como se este, aprioristicamente, existisse e fosse fornecido ou pelo eixo da ciência rigorosa (a física, as matemáticas) ou pelo da biologia. Disciplinas que tentaram fixar-se arrimadas pelo mito do método único, aceitando o postulado que as impelia à prática teórica dominada por uma atitude cognoscitiva baseada na *explicação causal*.

Como reação a esse tipo de posicionamento epistemológico, que não será completamente superado (já que no início do século XX presenciou-se o retorno de tendências defensoras da *fisicalização* de todas as ciências), firmando-se no empirismo e afirmando a possibilidade de uma *unificação* dos saberes através de metodologia comum,[54] aparecerá uma terceira variante epistêmica, ou seja, um terceiro eixo epistemológico: o eixo da *cultura* e da *história*.

A concepção dominante é a de que os fenômenos sociais e humanos só são inteligíveis sob o ângulo da visão histórica.[55] Nesse sentido, "a inteligibilidade matemática e a biológica não explicam completamente a realidade humana". Se a condição do homem é uma condição biológica ou natural, ela o é também, antes e em maior grau, histórica ou cultural. O mundo da cultura condiciona a experiência humana, suas manifestações, sua linguagem. Por essa razão, somente uma ciência histórica (histórico-cultural) poderá captar a complexidade da historicidade. Logo, as ciências sociais não devem *explicar*, mas *compreender*, *captando o sentido* implícito às manifestações exteriorizadas ou interiorizadas pelo homem. Neste passo, a problemática do valor, repudiada pelas ciências naturais, será absorvida pelo patamar da nova cientificidade.

Dilthey[56] preocupou-se em inaugurar um tipo de positividade para as ciências do homem repudiando a busca de cânones fornecidos pelas ciências naturais e separando os objetos passíveis de conhecimento causal-explicativo dos intelectíveis por meio de métodos histórico-compreensivos. Chega a afirmar que a busca de métodos não-culturais, ao invés de contribuir para a definição da cientificidade das disciplinas humanas, funciona como um obstáculo à sua autodeterminação epistemológica. Estes saberes devem, segundo Dilthey, promover-se sobre um tipo de inteligibilidade próprio.

---

[53] MARQUES NETO. *A ciência do direito*: conceito, objeto e método, p. 90.
[54] MARQUES NETO. *A ciência do direito*: conceito, objeto e método, p. 85.
[55] JAPIASSU. *Nascimento e morte das ciências humanas*, p. 103.
[56] Sobre Dilthey, v., dele mesmo, *Introducción a las ciencias del espíritu*.

Tais ideias foram retomadas por Mannheim e Weber, além de outros,[57] influenciando de grande modo o pensamento contemporâneo, desde a fenomenologia até o existencialismo e, fundamentalmente, a filosofia do direito, contribuindo para o nascimento do que se convencionou chamar, mais tarde, de culturalismo, corrente que congregou nomes como os de Cóssio, Siches e Reale.

Este caminho, entretanto, não foi suficiente para determinar uma fratura irrecuperável e fundadora de novas ciências humanas. Pelo contrário, ainda que, relativamente, estas disciplinas tenham-se libertado do jugo imperialista das concepções das ciências naturais, ainda assim fazem remissão a elas. É o caso, por exemplo, no momento, da influência marcante dos postulados bachelardianos, canguilhemianos e popperianos sobre as ciências humanas. Por esse motivo, pode-se dizer que as ciências humanas sonham com a possibilidade de, um dia, alcançarem a mesma objetividade das explicações causal-explicativas. Justamente isso as tem impedido de constituir, definitivamente, um solo epistemológico adequado, contribuindo para que continuem sendo vistas como discursos em débito com dois eixos epistemológicos distintos: o eixo da ciência rigorosa e o eixo da biologia.

1.4 O solo epistemológico do direito

À questão "é possível uma ciência do direito?" pode-se responder sim e não. Por estranho que possa parecer, somente uma resposta que guarde um binômio de afirmações excludentes será aceitável. Afinal, a resposta à formulada questão depende da consideração do solo epistemológico sobre o qual se forma a teoria.

Não basta, portanto, como fazem alguns juristas, inventariar opiniões divergentes, quase sempre fazendo remissão a Kirchmann,[58] para, finalmente, concluir pela possibilidade científica, ou não, do estudo do direito. A operação sugerida deve questionar não apenas a

---

[57] V. WEBER. *Sobre a teoria das ciências sociais*. Também FREUND. *Sociologia de Max Weber*. Ainda, MACHADO NETO. *Teoria da ciência jurídica*, p. 54. Este autor assim se expressa: "Os nomes de Wilhelm Dilthey, Wildelband, Rickert, Georg Simmel, Max Weber, Benedeto Croce, Hans Freyer, Colligwood, Cassirer, Huizinga, Ortega, Raymond Aron, Recaséns Siches, Ernesto Grassi e Von Uexkull, Eduardo Nicol, Karl Jaspers, Francisco Ayala, Julián Marias, Gilberto Freyre, dentre outros tantos, são marcos indeléveis desse progresso do espírito ocidental, disparado no sentido da 'compreensão' do humano em sua radicação histórica".

[58] Julius Herman von Kirchmann negou caráter científico ao direito em conferência pronunciada na Universidade de Berlim, em 1847. A respeito, v. COELHO. *Teoria da ciência do direito*, p. 55.

justificação de cientificidade ou a denúncia como ideológica que recai sobre a prática discursiva dos juristas, como também os fundamentos teóricos desses posicionamentos. Nesse sentido, é preciso situar o solo epistemológico, porque isto permite aos juristas afirmarem ou negarem a ciência do direito. Afinal, a despeito de que "o jurista, ao contrário dos demais especialistas das chamadas ciências humanas, tem a vantagem aparente de ter recebido, em sua cultura, por herança, um domínio até certo ponto delineado",[59] somente no século XIX, com o surgimento das ciências do homem, e juntamente com elas, o direito (pela influência do historicismo de Gustav Hugo antes, e Savigny depois) deparou-se com a questão transcendental de sua própria cientificidade.[60] Até então o jusnaturalismo imperava soberano, disseminando um tipo de conhecimento racional do direito, que, embora indispensável para a ruptura posterior operacionalizada pela era da positivação, ainda se identificava com o espírito da *mathesis universalis*, onde "o campo do saber era perfeitamente homogêneo, procedendo todo conhecimento por ordenação mediante o estabelecimento de diferenças e definindo as diferenças pela introdução de uma ordem".[61]

Portanto, como as ciências humanas, a ciência do direito nasce no século XIX, já no início da era que ultrapassou o período da representação. Apesar de todas as diferenças decorrentes de princípios e pressupostos fundantes dos saberes divergentes, quando se trata de analisar o saber jurídico, percebe-se um fato aparentemente incomum na história das ciências. Da leitura de textos jurídicos e jusfilosóficos depreende-se uma preocupação, até certo ponto singular, no sentido de justificá-los como análises sistemáticas conformadas numa linguagem de tipo rigorosa. Porquê? A resposta não é fácil, principalmente por sugerir uma multiplicidade de fatores diretos e intermediários merecedores de estudo particularizado. Entretanto, algo pode ser dito a respeito. Algo que demonstra existir, nos limites mais longínquos das divergências jurídico-epistemológicas, uma identidade oculta. Nessas distâncias, encontra-se uma espécie de similaridade silenciosa que desenha uma unidade entre todas as concepções jusfilosóficas. Essa identidade decorre da seguinte evidência: se os juristas e jusfilósofos discutem, segundo parâmetros excludentes, a cientificidade da *ciência do direito*, eles não o fazem em relação à possibilidade do estudo científico do direito. O que

---

[59] FERRAZ JR. *A ciência do direito*, p. 40.
[60] A respeito, v. MACHADO NETO. *Compêndio de introdução ao estudo do direito*, p. 27. Também REALE. *Fundamentos do direito*, p. 27.
[61] FERRAZ JR. *A ciência do direito*, p. 40.

pode ser resumido da seguinte forma: se é ou não científica a *ciência do direito* este é um problema sujeito a divergências inesgotáveis; entretanto, que o direito pode constituir ciência, isto não se pode discutir. Parte-se do princípio de que é possível *uma* ciência jurídica.

Do "pode não ser científica a *ciência do direito*", ao "mas pode ser científico o estudo do direito", transparece uma distância epistemológica considerável que pode ser detectada pela análise das relações entre a ciência do direito e a dogmática jurídica.

1.4.1 O não e o sim

Neste subitem far-se-á menção a uma *negação* que, implicitamente, carrega consigo a *afirmação* da possibilidade de uma ciência do direito. Pode-se dizer, neste particular, que o *não* converge para o *sim*, na medida em que, paradoxalmente, estes termos se confundem. Falar-se-á, aqui, do *não* e do *sim*, enquanto ocupando único espaço, embora não reduzidos a idênticas qualidade e significação.

Preocupação persistente nas obras dos jusfilósofos no último século tem sido o de encontrar uma via de *positivação* para a ciência do direito. Isto tem determinado a floração de *a prioris* epistemológicos sobre os quais se formam discursos com pretensão de cientificidade. Ao lado deste tipo de procedimento, outros mais se fazem notar com características antagônicas ou coincidentes entre si; entretanto, com o fim último, e neste ponto não há divergência entre os juristas em geral, de justificar como científico ou o *métier* do jurista ou o estudo do direito.

Isto se deve a fatores que não substanciam objeto do presente estudo. Porém, é possível constatar sua emergência num período determinado que coincide, relativamente, com o momento da eclosão da era da ciência moderna, denominada por Foucault como *era da positivação*. Este é o momento iniciado com a consolidação da ascensão burguesa e posterior à Revolução Francesa de 1789, no qual, desafiado o racionalismo precedente, serão revistos os princípios básicos do individualismo burguês. Estes se conformarão num sistema racional que, seduzido pelo sentido de um contínuo progresso da razão, abandona a metafísica inaugurando o positivismo onde os fatos somente são conhecidos pela experiência (decorrência do privilégio dado aos sentidos para a percepção do real).[62] Desde então, o olhar atento dos sentidos observa o mecanismo das coisas. Eis por que o mundo, nesse

---

[62] RIBEIRO JÚNIOR. *O que é positivismo*, p. 12.

tempo, até que surgissem novas epistemologias, metaforicamente, deixou de ser *inventado* pelo homem.

Quanto ao direito isto só foi possível, em parte, em face do *historicismo* anterior, também empirista, também causal-explicativo e determinista, entretanto irracionalista e relativista,[63] contra o qual o positivismo naturalista do século XIX se insurgiu. Para tanto, utilizou-se da epistemologia das ciências naturais, vertida para as ciências sociais, primeiro por Comte e depois por Durkheim. O trabalho foi levado a termo por juristas-sociólogos[64] em busca da justificação de ordem científica para seu *métier*. Nestes termos, o que pensadores como Miguel Reale chamam de *sociologismo*,[65] utilizando-se desse significante para expressar um suposto imperialismo da sociologia para a qual o direito não passa de mero capítulo dela, permanece como um mal-entendido. Não foi a sociologia spenceriana, comtiana ou durkheimiana que diminuiu o direito reduzindo-o a mero departamento de uma disciplina maior, a sociologia. Pelo contrário, foram os juristas preocupados com a dimensão científica de seu saber que procuraram nos pressupostos epistêmicos daquela disciplina a configuração de competência para seus discursos. Isto fica tanto mais claro quando se percebe que Comte e Saint-Simon, os fundadores da sociologia, repugnavam o direito, considerando-o "mesquinho fruto legal-metafísico".[66]

Que tipo de saber propunha o naturalismo jurídico-sociológico do século XIX? Pontes de Miranda responde à questão. De fato, o autor sugere um saber que se apresenta como científico porque segue o *método único* (causal-explicativo) das ciências, distinguindo-se das demais, ou seja, da química, da física etc., em face, apenas, do objeto (neste caso o direito) que estuda. Assim, o direito como objeto das ciências empíricas é natural.[67] Semelhante concepção teve muita repercussão no Brasil, sendo difundida pela Escola do Recife através de Tobias Barreto, Sílvio Romero e Clóvis Bevilácqua além de outros,[68] como também por Pedro Lessa, Djacir Menezes, João Arruda e o próprio Pontes de Miranda.[69]

---

[63] HERNÁNDEZ GIL. *Metodología del derecho*: ordenación crítica de las principales direcciones metodológicas, p. 71. V. MACHADO NETO. *Compêndio de introdução ao estudo do direito*, p. 27.

[64] Interessante a distinção que Cláudio Souto (*Introdução ao direito como ciência social*) faz entre o sociólogo-jurista e o jurista-sociólogo.

[65] REALE. *Filosofia do direito*, p. 431.

[66] SOUTO. *Introdução ao direito como ciência social*, p. 31.

[67] V. PONTES DE MIRANDA. *Sistema de ciência positiva do direito*. Também MARQUES NETO. *A ciência do direito*: conceito, objeto e método.

[68] V. PAIM. *A filosofia da Escola do Recife*. Também MACHADO NETO. *Teoria da ciência jurídica*, p. 139.

[69] CAVALCANTI FILHO. Papel desempenhado por fundamentos do direito na filosofia jurídica nacional. *In*: REALE. *Fundamentos do direito*, p. XIX. Esse autor faz um interessante

Entre os pensadores referidos há algo que os identifica. Trata-se, do entendimento de que o direito, como realidade humana, faz parte da unidade indissolúvel do mundo físico. Daí emergirá a *epistemologia naturalista*, que, seguindo o eixo ou da ciência rigorosa, ou da biologia, explicará o direito mediante discursos específicos com pretensão de cientificidade. É o caso, por exemplo, de Duguit, um dos expoentes máximos dessa corrente teórica, o qual, retomando as ideias durkheimianas, tenta explicar a dinâmica jurídica segundo a categoria da *solidariedade social*. Para o autor, é a partir desta que, via adesão espontânea da *massa dos espíritos*,[70] ou porque se aceita socialmente a ideia de que o grupo ou os detentores da força podem intervir para reprimir eventuais violações, uma *regra econômica* ou *moral* torna-se *norma jurídica*. Que não se confunde com a *norma técnica*. Aquela "forma-se no seio da sociedade e impõe-se a todos indistintamente".[71] São as normas fundamentais segundo as quais "são elaboradas normas técnicas, as quais representam a maior parte das regras contidas nos códigos".[72] A divisão só foi possível com o auxílio do binômio criado por François Gény, composto pelo *dado* e pelo *construído*.

O *dado* seria o universo das normas jurídicas captadas cientificamente pela observação. Já o universo do *construído* corresponde ao reino das normas técnicas, as quais são elaboradas para assegurarem a aplicabilidade das regras jurídicas.

As normas correspondem a dois tipos de saber. Uma ciência do direito, segundo os cânones naturalistas, que se preocuparia em captar a realidade das *normas jurídicas*, e uma técnica do direito, preocupada com a instrumentalização das primeiras por meio das *normas técnicas*.

O dualismo ciência do direito/técnica jurídica é encontrado na obra de boa parte dos autores que negam a possibilidade científica da ciência do direito. Para estes juristas, como foi dito anteriormente, o *não*, só pronunciam-no em razão de um *sim* simultâneo. O que isto quer significar? Os pensadores vinculados ao positivismo sociológico,

---

apanhado, sob o ponto de vista histórico, dos jusfilósofos brasileiros à época do surgimento da obra realeana (1940). Analisa a influência do positivismo comtiano, bem como do pensamento de Spencer e Haeckel na filosofia jurídica nacional.

[70] Criticando o conceito de *massa dos espíritos*, Miguel Reale (*Filosofia do direito*, p. 443) assim se pronuncia: "Ora, isto equivale a reviver a idéia de 'espírito do povo' de Savigny; é volver ao 'eu coletivo', de Rousseau; é dar roupagem nova a uma idéia já antiga na tradição histórica, no que tange ao fundamento da obrigatoriedade jurídica, contra o qual Duguit reagia 'em nome da ciência positiva'".

[71] REALE. *Fundamentos do direito*, p. 88.
[72] REALE. *Filosofia do direito*, p. 446.

e mesmo outros como será visto adiante, negam pertinência científica à *ciência do direito*, ou seja, à jurisprudência, ou melhor, à dogmática jurídica. Entretanto, não o fazem em relação a *uma ciência do direito*. A dogmática é técnica ou tecnologia e não ciência, mas uma ciência do direito não é impossível.[73] Resguardadas as especificidades que teoricamente os separam, encontra-se a distinção em Tercio Sampaio Ferraz Jr.,[74] Aloysio Ferraz Pereira,[75] Viehweg,[76] em alguns filósofos marxistas[77] e nos novos jusfilósofos brasileiros.[78] Os autores referidos não mais aceitam a dicotomia ciência-técnica jurídicas em nome de um critério de cientificidade ligado aos eixos da ciência rigorosa ou da biologia, mas aceitam-na em nome de novos postulados epistemológicos. Viehweg, por exemplo, retomando a polêmica epistêmico-jurídica, fê-lo enriquecendo suas contribuições com a experiência grega e romana, com as descobertas de Vico e atualizando-as com instrumentos contemporâneos.[79] Identificando ciência com teorias, isto é, com sistemas de enunciados capazes de explicar e descrever rigorosamente o comportamento dos seus objetos possibilitando a sua previsão,[80] Viehweg nega cientificidade à ciência do direito. Neste sentido, esta disciplina não seria uma ciência, mas uma prudência. Um saber que, sopesando argumentos e confrontando opiniões, decide com equilíbrio. Para tanto, utiliza-se da dialética, ou seja, da arte de trabalhar com opiniões divergentes, um tipo de argumentação que conclui a partir de premissas tidas e aceitas como verdadeiras, de *topoi* de argumentação, de lugares comuns como, por exemplo, bem comum, *in dubio pro reo*, entre outros. Isto evidencia o contraste entre as argumentações dialéticas do direito e as argumentações da ciência, que são *apodíticas*.[81]

---

[73] Interessante, a este respeito, o pensamento de Roberto Lyra, ligado ao da Escola do Recife. Em suas palavras: "Divido o Direito Penal em Direito Penal Científico e Direito Penal Normativo para o estudo, respectivamente, do Direito Penal como integrante da ciência social, o Direito, e do Direito Penal como disciplina jurídica componente do Direito Público. O Direito Penal Científico estudará, verticalmente, a criminalidade (conceito sociológico); o Direito Penal Normativo estudará, horizontalmente, o crime (conceito jurídico)" (*Direito penal científico*: criminologia, p. 7).

[74] V. FERRAZ JR. *A ciência do direito*. Também FERRAZ JR. *Função social da dogmática jurídica*.

[75] PEREIRA. *O direito como ciência*, p. 46.

[76] VIEHWEG. *Tópica e jurisprudência*.

[77] Quanto a isso, v. POULANTZAS. *Hegemonia y dominación en el Estado moderno*. Também MIAILLE. *Uma introdução crítica ao direito*.

[78] Como será analisado adiante, com essa expressão designam-se os trabalhos teóricos de pensadores que procuram elaborar uma crítica do direito, no Brasil.

[79] FERRAZ JR. Prefácio do tradutor. *In*: VIEHWEG. *Tópica e jurisprudência*, p. 1.

[80] FERRAZ JR. Prefácio do tradutor. *In*: VIEHWEG. *Tópica e jurisprudência*, p. 2.

[81] FERRAZ JR. Prefácio do tradutor. *In*: VIEHWEG. *Tópica e jurisprudência*, p. 3.

Aceitando um conceito de cientificidade identificado com um sistema de enunciados axiomáticos e opondo o raciocínio sistemático da ciência ao raciocínio problemático ou aporético dos juristas, Viehweg nega cientificidade à jurisprudência. Também porque apenas remotamente essa disciplina tem função cognoscitiva e só secundariamente desempenha papel de sistematização. Neste caso, a jurisprudência não é dotada de unidade sistemática, mas, ao contrário, procedendo de um problema, pode chegar a uma pluralidade de sistemas provisórios e fragmentários.[82] Ainda em Viehweg, ao lado da jurisprudência, há uma espécie de jurisciência. Esta seria a *zetética*, que se opõe à dogmática, pois enquanto a última parte de pontos postos fora de questionamento a fim de, problematicamente, sugerir uma resposta, a zetética,[83] ao contrário, desintegra e põe em dúvida os pontos de partida da dogmática. O que se pode dar dentro dos limites de disciplinas como a sociologia, a antropologia, ultrapassando-as para se situar já no âmbito da filosofia do direito.[84] Ao jurista cabe conhecer tanto a zetética como a dogmática.[85]

Tercio Sampaio Ferraz Jr. não se distancia demasiadamente dos postulados firmados por Viehweg. Tomando o binômio dogmática-zetética jurídicas e aceitando os pressupostos epistemológicos sugeridos por Popper, nega cientificidade à ciência do direito, encarando-a como tecnologia.[86] Nesse sentido, lembra que "os enunciados científicos são refutáveis: verificáveis e sempre sujeitos a uma falsificação. Sua validade é universal, mas não absoluta. Suas proposições basicamente descritivas e significativamente denotativas, isto é, dão uma informação limitada, porém precisa, impondo-se em certos contextos; estão sempre sujeitas à verificação, embora sejam aceitas universalmente".[87] Tercio Sampaio Ferraz Jr. conclui, então, que a ciência do direito não trabalha com esse tipo de enunciado. Os enunciados da jurisprudência são qualitativamente diferentes, eis que têm sua validade dependente de sua relevância prática. Seu ponto de apoio não é a *questão da verdade*, como acontece com as ciências, mas uma *questão de decidibilidade* de conflitos possíveis.

---

[82] REALE. *O direito como experiência*, p. 136.
[83] Quanto à zetética, v., ainda, embora em outra perspectiva, COELHO. *Lógica jurídica e interpretação das leis*, p. 52, 241. Também Luís Alberto Warat (Sobre la dogmática jurídica. *Seqüência*, p. 33) tece algumas considerações sobre a dicotomia de Viehweg.
[84] FERRAZ JR. *A ciência do direito*, p. 46.
[85] FERRAZ JR. *A ciência do direito*, p. 46. Também FERRAZ JR. *Função social da dogmática jurídica*, p. 92.
[86] José Eduardo Faria e Cláudia Lima Menge participam dessa opinião, v. A função social da dogmática e a crise do ensino e da cultura jurídica brasileira. *Dados*, p. 87-113.
[87] FERRAZ JR. *Função social da dogmática jurídica*, p. 86.

Seus enunciados guardam, portanto, "natureza criptonormativa, deles decorrendo conseqüências programáticas de decisões, pois devem prever, em todo caso, que, com sua ajuda, uma problemática determinável seja solucionável sem conseqüências perturbadoras".[88] Tendo relevância prática imediata, e referindo-se a questões de decidibilidade, a ciência jurídica manifesta-se como um saber tecnológico, diferente do tipo de abordagem teórica tomada como científica, por interromper o processo de indagação que a levaria a *conhecer* a realidade do direito. Pois, tomando por direito, apenas, os pontos de partida possíveis, esse saber compromete-se com um tipo de visão que não consegue ir além da mera reprodução do direito dominante.

Com as particularidades que o singulariza, esse discurso está presente na obra de Aloysio Ferraz Pereira. Com efeito, este autor, verificando diferenças entre a instância científica do pensamento jurídico e a tecnológica, desenha uma terceira hipótese, com a qual esboça o trinômio ciência-tecnologia-técnica jurídicas.[89] Nega cientificidade à jurisprudência, entendendo-a como tecnologia, ou seja, como "uma reflexão sobre as atividades técnicas, visando à sua racionalização";[90] é, pois, uma teoria da técnica.[91] Quanto a esta, o autor a identifica em dois momentos: o da constituição das normas jurídicas, tarefa dos legisladores, e o da aplicação dessas normas, mister dos juristas militantes. Nesse sentido, o saber jurídico somente se converterá em ciência quando souber distinguir claramente a teoria da práxis, ou seja, o momento cognoscitivo do momento técnico da aplicação. Assim, quando tomar as normas jurídicas não tecnologicamente, mas "como manifestações históricas, fenômenos a explicar, notadamente ligando-as a outros fenômenos".[92]

Tratou-se, neste subitem do *não* e (imbricadamente) do *sim*. Falou-se sobre a negação da cientificidade da ciência do direito em relação à possibilidade de uma certa ciência do direito. O que pode ter suscitado um aparente paradoxo: se esse saber não é ciência, pelo menos as portas da cientificidade estão abertas para ele.

---

[88] FERRAZ JR. *Função social da dogmática jurídica*, p. 88.
[89] A distinção entre tecnologia e técnica, ainda que de modo sumário, também a encontramos em Tercio Sampaio Ferraz Jr. V. *A ciência do direito*, p. 55.
[90] PEREIRA. *O direito como ciência*, p. 53.
[91] PEREIRA. *O direito como ciência*, p. 52.
[92] PEREIRA. *O direito como ciência*, p. 54. O autor faz remissão ao pensamento de Paul Amlek.

1.4.2 O sim e o não

Que a jurisprudência é uma ciência como as outras, com a particularidade de ser uma disciplina dogmática de caráter compreensivo-normativo, este é o axioma básico presente na filosofia do direito contemporâneo, notadamente culturalista. A relação epistêmico-jurídica *não-sim*, da qual se cuidou até o momento, cederá lugar ao seu inverso.

Trata-se de estudar o negativo do referido binômio, que pode ser traduzido pela seguinte expressão: dado que a jurisprudência é uma ciência normativa, ligada ao estudo das normas, tudo que não se vincular à análise das regras jurídicas não será ciência do direito mas outro saber qualquer, ou seja, sociologia, antropologia, história ou filosofia.

Esse discurso resulta de processo iniciado no século XX, de crítica às epistemologias aplicadas à ciência do direito. Um processo que, embora endereçando críticas veementes contra o chamado "sociologismo jurídico", coloca-se no mesmo plano deste, de certa forma complementando-o, pois, seguindo a linha iniciada pelo historicismo, procura meio de salvaguardar como científica a atividade do jurista, tomando esta como aquela atividade milenar desenvolvida por certo especialista desde os romanos.[93] Aqui não há preocupação no sentido de se fundar uma ciência do direito relacionada, em última instância, a uma tecnologia a ela subordinada. Ao contrário, trata-se agora de justificar a própria doutrina da prática dos juristas. Com o que se retomam, como antecedentes e precursores, pontos úteis desenvolvidos a partir dos glosadores sobre os textos romanistas, os recursos jurídicos deixados pelo direito canônico, bem como algumas noções, como a de sistema, criadas pelo jusnaturalismo racionalista[94] que precedeu a era de positivação. Isto, aliado ao eixo epistemológico da cultura ou história desenvolvido com Dilthey e Weber, proporcionou ao saber jurídico o caráter de disciplina compreensiva. À compreensão, os juristas somaram a noção de dever ser (*sollen*), extraída da dicotomia kantiana entre o ser (*sein*) e o dever-ser. Desta feira, a jusfilosofia contemporânea pôde ver a ciência do direito como uma disciplina compreensivo-normativa, distinguindo-a, em consequência, da sociologia, mesmo daquela nascida sobre o eixo da história ou cultura.[95]

---

[93] Esta afirmação, evidentemente, não tem sentido para outros sistemas jurídicos que não o germano-romanista, comum aos países da Europa Central, Península Ibérica e América Latina. V. DAVID. *Os grandes sistemas do direito contemporâneo*.
[94] COELHO. *Teoria da ciência do direito*, p. 53.
[95] REALE. *O direito como experiência*, p. 117.

As diversas teorias culturalistas, o tridimensionalismo realeano, o egologismo de Cóssio ou o raciovitalismo de Siches, têm em comum a preocupação de, a partir de certos cânones básicos, demonstrar a dignidade científica da práxis jurídica e de sua consequente racionalização. Desta forma, a ciência do direito não teria tanto a função de conhecer o direito, ou seja, de *saber o que ele é*, mas a de *aplicá-lo*, normativamente, dizendo *o que é de direito*. A partir daí institucionalizou-se a prática de identificar ciência do direito com a dogmática jurídica. Desde então, os tratadistas, ou seja, os constitucionalistas, civilistas, penalistas e processualistas passaram a chamar de ciência um ofício que, embora sua pertinência e utilidade, pode não passar de sistematização, ainda que trabalhosa e difícil, dos dados normativos positivados.[96]

As proposições referidas são compreensíveis a partir de noções amplas de cientificidade. É o caso de Bobbio, para quem o saber jurídico será científico se sua linguagem guardar padrões coerentes de sistematicidade conforme uma lógica interna, "baseada nos *dados* ou *pressupostos* contidos nas normas de direito emanadas do legislador competente".[97] Nesse sentido, interpretar as proposições normativas e construir um sistema segundo uma linguagem rigorosa, eis a função da ciência jurídica.[98]

O culturalismo, mantendo, de algum modo, as características básicas do normativismo exegético e do pandectismo germânico, desvinculou-se do estatuto epistemológico causal-explicativo das ciências naturais, para, aproximando-se das abordagens comuns ao eixo da cultura, não mais se preocupar em explicar o fenômeno jurídico. Quer antes interpretá-lo, aplicá-lo e sistematizá-lo, encarando-o, em última análise, como norma.

O que Machado Neto, referindo-se à filosofia contemporânea, chama de "o renascimento da filosofia do direito" pode não passar de um processo rico e erudito de retorno ao positivismo, desta vez, não sociologista, mas dogmático. Warat,[99] referindo-se às formulações teóricas kelsenianas, "reafirma que a teoria pura do direito deve ser vista como uma dogmática jurídica".[100]

---

[96] José Frederico Marques, discorrendo sobre "a área normativa e científica do Direito Processual Civil", afirma que o Direito Penal Civil "é, grosso modo, o *ramo da ciência jurídica* que tem por objeto a regulamentação do processo pertinente à jurisdição civil. Assim sendo, cabe-lhe *sistematizar* os princípios e regras sobre processos de jurisdição ordinária em que se procura a composição de litígios não-penais" (*Manual de direito processual civil*, grifos nossos).
[97] REALE. *O direito como experiência*, p. 88.
[98] REALE. *O direito como experiência*, p. 117. O autor faz remissão ao pensamento de Bobbio.
[99] WARAT. Reencontro com Kelsen. *Seqüência*.
[100] BESSA FILHO. Resenha de Reencontro com Kelsen. *Seqüência*, p. 159. Afirmação nesse sentido também em WARAT; CUNHA. *Ensino e saber jurídico*, p. 29.

A observação, neste contexto, é válida. Muito embora, para Kelsen, o direito enquanto objeto de um discurso, seja um objeto ideal (como os números, ou as expressões geométricas, não podendo sofrer valorações) e não cultural (os que são valorados), costuma-se incluí-lo entre os culturalistas, notadamente pelas suas ligações com o grupo neokantiano de Marburgo,[101] o qual, com Stammler foi um dos iniciadores do movimento que culminou no culturalismo jurídico. Kelsen identifica-se com o culturalismo quando, além de encarar a ciência do direito como uma ciência normativa (como uma ciência que estuda normas),[102] atribui-lhe, como fazem os jusfilósofos culturalistas, uma tarefa lógico-sistemática. O que significa dizer que, como Reale e Cóssio, admite "que um dos momentos da pesquisa jurídico-científica é o da sistematização das normas de direito positivo".[103] Este papel, segundo uma ótica sociologista, é desempenhado por uma tecnologia do direito.

O culturalismo emerge como reação às inúmeras formulações jurídicas desenvolvidas no século XIX. Buscando uma metodologia específica para a ciência do direito e tentando fugir das fórmulas anteriores, quer de cunho sociológico e antropológico, psicológico ou econômico, a encontra delineada no pensamento kantiano. De fato, a escola de Marburgo, da qual faziam parte Stammler e Kelsen, além de outros, encontrou a base para a nova orientação metodológica na divisão entre o *sein* e o *sollen*; entre o mundo da natureza e o da liberdade. Este último é o mundo normativo da ética, da moral e do direito.

A ciência jurídica não estuda, para esse grupo, o ser do direito (isto compete à sociologia ou antropologia jurídicas), mas o seu dever ser. Manifesta-se como uma logicização, que, prescindindo da intuição sensível, conhece "exclusivamente mediante conceitos puramente lógicos (...), ou seja, sem qualquer elemento representativo",[104] pois, "o dever ser é entendido como forma lógica, como conceito lógico que integra a multiplicidade das relações sociais possíveis, sem representação de dado algum da experiência".[105]

---

[101] Esse tipo de observação está presente em boa parte da obra de Miguel Reale, a partir de 1940. Esse autor refere-se ao culturalismo neokantiano como sendo limitado.
[102] Segundo Maria Helena Diniz (*A ciência jurídica*, p. 19) e Antônio Luís Machado Neto (*Teoria da ciência jurídica*, p. 46), Cóssio entende a ciência do direito como normativa porque conhece mediante normas. Já Reale (cf. COELHO. *Teoria da ciência do direito*, p. 61) usa essa expressão para designar a ciência que "compreende o complexo de normas em função das situações normadas".
[103] DINIZ. *A ciência jurídica*, p. 143.
[104] REALE. *Fundamentos do direito*, p. 140.
[105] REALE. *Fundamentos do direito*, p. 143.

Em Kelsen a ciência jurídica deve passar, rigorosamente, por um processo de depuração metódica que a livrará tanto dos objetos de conhecimento próprios de outras áreas do saber, quanto das interferências ideológicas. Nesse sentido, o objeto da ciência do direito é *apenas* a norma jurídica, entendida como produto do reino do dever ser e, ainda, como pura idealidade, sem qualquer correspondência com o império sensitivo da experiência humana. Por essa razão, em sua perspectiva, o direito é um direito puro, e a ciência, uma ciência normativa. Esta teoria será gravemente criticada, mais tarde, quando jusfilósofos, baseados em outros paradigmas de cientificidade, em renovadas posturas frente às "ideologias", proporão uma teoria impura do direito,[106] no sentido de uma ciência voltada para o direito integral (não apenas circunscrito à análise, interpretação e sistematização dos dados normativos). Entretanto, não se pode esquecer de que a mundividência marburguiana, e especialmente kelseniana, mostrou-se como uma divisora de águas,[107] influenciando, de modo indelével, todo o pensamento jurídico contemporâneo, tendo dialogado com marxistas, egologistas, tridimensionalistas e com outras correntes do pensamento jurídico.

Se os juristas ligados à escola de Marburgo mantinham interação importante com o criticismo kantiano da *Crítica da razão pura*, outro movimento, denominado Escola de Baden, ou Escola Sudocidental alemã, por intermédio das obras de pensadores como Wildelband, Rickert, Lask e Radbruch[108] apoia-se no Kant da *Crítica da razão prática*.

Os juristas da Escola de Baden partem do binômio kantiano *sein-sollen*, tentando, porém, superar esta antítese mediante as noções de valor e cultura, incorporando as preocupações levantadas por Dilthey. Assim, o dever-ser não passará por nenhum processo de logicização que o imunize da experiência sensível e da correspondência das imagens fáticas; antes, será valorado, porque, ao contrário do mundo da natureza, o mundo da liberdade tem um sentido, *sinn*, complexo, que necessita ser compreendido.

A ciência do direito fugirá do eixo epistemológico das ciências naturais, afastando-se, igualmente, da sociologia compreensiva. Enquanto esta conhece o ser do direito, a ciência jurídica, partindo de cânones epistêmicos similares, conhecerá o *dever ser* jurídico. A ciência do direito,

---

[106] COELHO. *Introdução à crítica do direito*.
[107] Essa expressão foi emprestada de Tercio Sampaio Ferraz Jr., v. Hans Kelsen: um divisor de águas. *Seqüência*, p. 133.
[108] Miguel Reale (*Fundamentos do direito*, p. 173) oferece uma interessante síntese do pensamento da escola.

para o culturalismo, é pois uma ciência compreensivo-normativa do mundo do dever-ser, é uma dogmática jurídica.

Com algumas especificidades que os distinguem, o egologismo de Cóssio e o tridimensionalismo de Reale solidarizam-se no sentido de entender a ciência do direito conforme a conceptualização referida no parágrafo anterior. Estas duas teorizações, ao lado das formuladas por Kelsen, talvez sejam as maiores expressões do pensamento jurídico do último século. Reale, por exemplo, chega a dizer claramente que "a jurisprudência ou ciência dogmática do direito é, assim, a ciência histórico-cultural que tem como objetivo a experiência social na medida e enquanto esta normativamente se desenvolve em função de fatos e valores, para assegurar, de maneira bilateral-atributiva, a realização ordenada da convivência humana".[109]

Isto evidencia uma certa identidade entre as concepções culturalistas relativas à ciência do direito. Entretanto, Reale tentou estabelecer um muro epistemológico capaz de separar o seu pensamento do dos demais inscritos no mesmo código teórico. Fê-lo utilizando-se da expressão "tridimensionalismo específico" para designar sua teoria, a qual pretende ter superado o tridimensionalismo de tipo abstrato ou genérico.[110] Nesse sentido, as diferentes ciências que tratam do jurídico não se diferenciam em função de sua preocupação com o fato jurídico, com o valor, ou com a norma jurídica, porque o direito possui estas três dimensões, e as diversas ciências somente podem conhecer o direito captando-o em sua tridimensionalidade. O que distingue a ciência do direito das ciências que tratam do fenômeno jurídico é que em seu discurso predomina o momento normativo, ainda que em função dos demais momentos.[111] Eis por que, para Reale, a ciência jurídica só pode ser entendida como "uma ciência normativa (mais precisamente compreensivo-normativa) devendo-se, porém, entender por norma jurídica bem mais que uma simples proposição lógica de natureza ideal: é antes uma realidade cultural e não mero instrumento técnico de medida no plano ético da conduta".[112] Estabelecer a cientificidade do saber racionalizador de práxis jurídica, eis a ambição da filosofia jurídica dominante, a qual mostra suas facetas tanto em Kelsen, como em Reale e Cóssio.

---

[109] REALE. *O direito como experiência*, p. 120.
[110] REALE. *O direito como experiência*, p. 120.
[111] REALE. *Teoria tridimensional do direito*, p. 61.
[112] REALE. *Teoria tridimensional do direito*, p. 61.

Como Narciso enamorado de sua imagem, assim tem-se mostrado o saber jurídico dominante, orgulhoso de sua cientificidade. Quando a ciência vê-se reelaborada para adaptar-se à natureza de um saber que toma por conhecimento científico o que não passa de ordenação e sistematização normativas.

CAPÍTULO 2

O PAPEL DA DOGMÁTICA JURÍDICA E A NOVA JUSFILOSOFIA

2.1 Sentido atual da dogmática jurídica

Que termos como absorção, identidade e subordinação podem ser utilizados como referências capazes de sintetizar alguns tipos de relações possíveis entre a ciência e a dogmática jurídicas: esta é uma hipótese a ser discutida. Para tanto, é necessário responder à questão: o que é dogmática jurídica?

Ora, não há uma dogmática, mas várias, segundo concepções diferentes e diferentes posturas frente à conceptualização da ciência jurídica.

Uma teoria dogmática, isto é, aquela teorização que leva às últimas consequências a práxis do raciocínio dogmático,[113] só foi possível em face da gênese de um fenômeno designado por positivismo. Posteriormente, tentar-se-á relacionar este tipo de imaginário com os fatores externos que exigiram sua constituição. Por enquanto, basta dizer (de forma *provisória*) que por positivismo jurídico costuma-se denominar aquele feixe de atitudes teóricas ou praxeológicas em relação ao direito que o identificam com sua manifestação fática, normativa ou axiológica — mais frequentemente, apenas, normativa — subordinada, em última análise, à vontade do Estado. Esse discurso resulta de um processo mediante o qual, por incessantes fraturas, o direito foi laicizado. Criou-se uma noção de sistema que ordena unitariamente o conjunto

---
[113] FERRAZ JR. *Função social da dogmática jurídica.*

normativo e privilegia a lei identificando-a com o direito. Este processo consolidou-se já no seio do moderno Estado burguês, evidenciando uma trajetória que pode ser chamada de via de positivação[114] do direito. Positivação que não se confunde com a positivação dos saberes e das disciplinas científicas, conforme uma episteme histórica (referida quando foi feita remissão ao pensamento de Foucault). Se estas "positivações" são, relativamente, coincidentes historicamente, elas divergem conceptualmente. A positivação do direito cria nova realidade jurídica, reduzindo-o, em última análise, a um normativismo dogmático. Positivação dos saberes inaugura nova era para as ciências, separando a era da representação (anterior) da nova era constituída por uma episteme traduzida pela positivação.

Warat, discorrendo sobre a dogmática jurídica,[115] encontra no histórico de sua constituição três etapas distintas que favorecerão a reclamação de um lugar próprio junto ao quadro epistemológico dos saberes jurídicos competentes. São os seguintes:

i) *o momento exegético ou da conceitualização;*
ii) *o momento da dogmática propriamente dita ou das construções jurídicas;* e
iii) *o momento da sistematização.*

No primeiro momento, tem início a fixação da noção de que o direito identifica-se com a lei. Portanto, "no hay más derecho que el ordenamiento jurídico establecido a través de las leyes validamente dictadas y vigentes".[116] Neste caso, a função do saber jurídico se limita a interpretar a lei, segundo o método exegético. Por meio de operação lógica, deciframm-se seus conteúdos, relacionando-os com os conceitos que os informam. Nesta etapa, a dogmática jurídica não necessita de nenhum processo de justificação, quer de ordem política, quer de ordem epistemológica, porque não sofre nenhuma espécie de questionamento. Já na etapa seguinte, o direito será justificado segundo critérios formais de validez, iniciando-se o período de constituição de categorias, conceitos e princípios, a partir do ordenamento jurídico positivo, os quais

---

[114] Sobre a positivação do direito, Tercio Sampaio Ferraz Jr. (*Função social da dogmática jurídica*, p. 83) assim se manifesta: o fenômeno da positivação "é caracterizado pela libertação que sofre o Direito de parâmetros imutáveis e duradouros, de premissas materialmente invariáveis; apresentando uma tendência a um certo formalismo e institucionalização da mudança e da adaptação através de procedimentos cambiáveis, conforme as diferentes situações. Portanto, a positivação tanto ressalta a importância na constituição do direito do chamado direito posto, positivado por uma decisão, quanto não pode esconder a presença do ser humano como responsável pela própria positivação do direito".

[115] WARAT. Sobre la dogmática jurídica. *Seqüência*, p. 33 *et seq.*

[116] WARAT. Sobre la dogmática jurídica. *Seqüência*, p. 34.

funcionarão como verdadeiros dogmas, pontos de partida seguros e não criticáveis, tão significativos para a dogmática como a própria lei. Finalmente, o terceiro período, o da sistematização jurídica, constitui-se pela unificação das construções conceituais da dogmática, segundo as colocações estabelecidas pelo ordenamento jurídico estatal, e fundando certos princípios que guardam características de invariabilidade e universabilidade. Resulta daí, segundo Warat, uma dogmática geral, ou seja, uma teoria geral do direito, a qual terá, mais tarde, em Kelsen seu maior expoente em razão de sua *Teoria pura do direito*.

A dogmática jurídica é uma manifestação discursiva que, almejando a condição de cientificidade, e falando em nome dela, o faz, não por meio de enunciados informativos e imbuídos da necessidade de encontrar a verdade (sujeitando-se à refutação e falsificação conforme Popper), mas mediante um discurso persuasivo,[117] dirigido à decidibilidade de conflitos, assegurando certeza e segurança jurídicas, exigências do direito positivado do moderno Estado capitalista. Ora, isso denuncia a dogmática como atividade classificatória e sistematizadora das normas jurídicas estatais. Sua realidade está limitada pela institucionalização do câmbio do direito operacionalizada pela sua positivação, o que vincula o saber jurídico à atividade jurisdicional. A tarefa do jurista, como homem de ciência, "se torna dogmática na medida em que ele se circunscreve à teorização e sistematização da experiência jurídica, em termos de uma unificação construtiva dos juízos normativos e do esclarecimento de seus fundamentos".[118]

O grande mérito de autores como Warat é compreender a dogmática pelo que ela é e não pelo que ela deseja ser. É um saber dotado de positividade com lugar próprio no quadro das disciplinas jurídicas. Sua especificidade está no fato de ser dotada de positividade política ou ideológica a qual, condenando-a a um papel específico, desenha sua configuração de saber normativo destinado a interpretar normas, fixar conceitos, categorias e princípios, além de ordenar, por meio de sistematização única, completa e geral, a instância normativa estatal. A dogmática não é, portanto, mera atividade prática, fragmentária e cega. Se o fosse, não teria construído toda gama de conceptualizações e princípios que a singularizam; nem teria conseguido cumprir sua função de disciplina fornecedora de construções jurídicas aptas a assegurar o

---

[117] WARAT. *Mitos e teorias na interpretação da lei*, p. 93.
[118] FARIA; MENGE. A função social da dogmática e a crise do ensino e da cultura jurídica brasileira. *Dados*, p. 105.

controle social por parte do Estado. A dogmática, enquanto saber, não pode ser desdenhada como reles atividade ideológica, pré-científica ou míope; ao contrário, deve ser compreendida tanto em sua funcionalidade como em sua historicidade.

É, pois, chegado o momento de buscarmos, de modo sumário e esquemático, uma classificação sintetizadora das várias posturas teóricas relativas à dogmática jurídica. As posições que seguem são as mais significativas: (i) a dogmática é simples técnica, ou tecnologia, não se confundindo com a ciência do direito; (ii) a dogmática ou ciência do direito é um saber tecnológico e, portanto, não científico; e (iii) a dogmática jurídica é a ciência dogmático-normativa do direito.

A primeira postura teórica (aquela que reduz o saber jurídico à esfera técnica ou tecnológica) encontra-se na obra daqueles jusfilósofos que, embasados nos eixos epistemológicos das ciências rigorosas ou naturais, quiseram constituir uma ciência do direito segundo os cânones estabelecidos por aquelas epistemologias. É o caso, já salientado, de Duguit. Baseando-se no binômio criado por Gény entre o *dado* e o *construído*, distingue a técnica do direito da ciência jurídica. A esta caberia descobrir cientificamente o dado, ou seja, as normas jurídicas que regulam a sociedade. Já aquela, identificando-se com a dogmática, cuidaria de organizar sistematicamente as normas técnicas, derivadas das normas jurídicas, que constituem a matéria por excelência dos códigos e legislações. Essa abordagem influenciou, e muito, o pensamento jusfilosófico brasileiro, a tal ponto que o rompimento com seus paradigmas em 1940, com a obra de Reale, *Fundamentos do direito*, representou verdadeiro marco na cultura jurídica nacional. Naquele tempo, o meio intelectual brasileiro estava tomado pelos estatutos epistemológicos naturalistas. Estes eram modelos, por exemplo, dos membros da Escola do Recife,[119] bem como de pensadores como Pedro Lessa. Este chega a afirmar, incisivamente, que "as leis devem ser formuladas de acordo com a teoria científica",[120] o que demonstra sua vinculação extremada com o pensamento europeu típico do século XIX.

O ofício do jurista, com uma função teórica e cognoscitiva limitadas à aplicação prática imediata, e a partir de pontos de partida

---

[119] Segundo Miguel Reale (*Fundamentos do direito*, p. 182), a concepção culturalista também repercutiu na Escola do Recife, notadamente após Tobias Barreto. Entretanto, manifesta-se, ainda, apegado aos dados empíricos, com o que a ciência jurídica identificava-se com uma sociologia ou etnologia jurídicas.
[120] REALE. *O direito como experiência*, p. 124. O autor faz remissão a LESSA. *Estudos de philosophia do direito*, p. 46 *et seq*.

irrecusáveis, não se enquadrava entre os saberes dotados de cientificidade. Então, para salvaguardar o *métier* do jurista, a ciência do direito converte-se em uma sociologia causal-explicativa tão positivista quanto a técnica tida como a-científica. Esta concepção, mesmo mais tarde, já sob o influxo da filosofia histórico-compreensiva, continuará a se manifestar.

A segunda formulação (que identifica a ciência do direito com uma tecnologia jurídica) continua, todavia, a utilizar a expressão *ciência do direito*. Parece não aceitar a hipótese de uma verdadeira ciência jurídica, neste caso não tecnológica mas eminentemente cognoscitiva, não incluída entre a sociologia, a psicologia ou a antropologia e etnologia jurídicas. Neste caso, a única ciência do direito possível não pode assumir um estatuto de cientificidade, pois o tipo de enunciado com o qual trabalha não se preocupa com a verdade, mas com a decidibilidade de conflitos. É, pois, um discurso persuasivo e tecnológico, orientador do agir do homem em face de conflitos instalados ou hipotéticos; é uma práxis doutrinária e não uma ciência. Esta abordagem está presente nos textos de Tercio Sampaio Ferraz Jr.

Finalmente, a formulação que expressa uma sinonímia entre a ciência do direito e a práxis teorética dos juristas é a que predomina, atualmente, no país. Esta linha filosófica chega a um grau elevado de complexidade teórica a partir da retomada do criticismo kantiano operado pela escola de Marburgo (notadamente com Kelsen), tendo mais tarde desviado este caminho ao fugir do formalismo lógico para incorporar às suas análises a problemática dos valores, principalmente com o advento da Escola de Baden. Fundando-se na concepção histórico-cultural de Dilthey, foi possível qualificar a produção doutrinária dos juristas como científica. Afinal, uma disciplina compreensiva do reino do dever-ser que deve abandonar, por serem metajurídicas, questões levantadas pelos vários "sociologismos". Esta teorização foi suficiente para resgatar um paradigma metodológico capaz de identificar a ciência do direito com a teoria dogmática jurídica. Identificação que está presente em boa parte dos tratadistas do direito, os quais, muitas vezes, reproduzem a jusfilosofia de pensadores como Kelsen, Cóssio e Reale.

Entretanto, é bom ressaltar, a identidade proposta por Reale carrega uma diferenciação menor, mas, em todo caso, subordinada àquela anterior. Segundo este autor, "a dogmática jurídica deve, em suma, ser compreendida como o *momento culminante* da jurisprudência, ou seja, da ciência do Direito na plenitude da existência, como horizonte de sua objetividade, e o horizonte não se põe jamais como limite definitivo, mas é linha móvel a projetar-se sempre à frente do observador em marcha".[121]

A dogmática, portanto, é o momento máximo da compreensão normativa da ciência do direito. Efetiva-se quando, por meio de deslocamentos cognoscitivos tipicamente jurídicos — derivados de uma construção ontológica vinculada ao mundo da cultura e do império específico do dever-ser – estabelece, baseando-se no ordenamento jurídico positivo, certas estruturas normativas, que culminarão na construção de modelos jurídicos.[122]

Ao lado das posturas citadas deve-se pronunciar uma última: (iv) *a dogmática é um saber não científico que precisa ser repensado a partir de uma ciência crítica do direito.*

Esta se caracteriza como ponto de ligação entre os novos jusfilósofos brasileiros, a despeito das inúmeras direções que estes pesquisadores têm tomado. De fato, a preocupação unificadora dos vários caminhos que as teorias críticas percorrem parece ser o de constituir tanto uma instância crítica de reflexão do saber jurídico dominante, como também o de fundar outro saber que, dialeticamente, o supere. Para tanto, utilizam todo referencial epistemológico, notadamente o legado pelas filosofias dialéticas — epistemologia genética de Piaget, histórica de Bachelard e Canguilhem, racionalista crítica de Popper — ao qual somam novos referenciais, com o sentido de elaborar um pensamento crítico. Este, não se preocupando apenas com os estatutos de cientificidade de seus discursos, indaga, igualmente, sobre os efeitos que esses textos descarregam sobre o meio social. Defendem a necessidade da assunção, por parte do cientista do direito, de uma responsabilidade social em relação ao saber que desenha. Questionam as disciplinas jurídico-dogmáticas porque estas podem mutilar o saber jurídico, reduzindo-o a mero reprodutor da normatividade institucionalizada, quando o direito passa a constituir arsenal de recursos úteis para os aparelhos de Estado assegurarem o controle social. E, referendados por novos paradigmas de cientificidade, negam caráter científico à *ciência do direito*, ou seja, à jurisprudência, propondo, por assim dizer, um saber instituinte para rebater os discursos competentes. No próximo item, será analisado o alcance desse tipo de teorização.

---

[121] REALE. *O direito como experiência*, p. 145.
[122] "Os modelos jurídicos são (...) modelagens práticas da experiência, forma do viver concreto dos homens, podendo *ser vistas como estruturas normativas de fatos segundo valores, instaurados em virtude de um ato concomitante de escolha e prescrição*" (REALE. *Lições preliminares de direito*, p. 185, grifos nossos). Sobre isso, v., ainda: REALE. *O direito como experiência*, Capítulo IV; e também COELHO. *Introdução à crítica do direito*.

2.2 A nova crítica do direito

Como uma instância teórico-judicativa do saber jurídico predominante, isto é, da ciência dogmática do direito, emerge uma crítica que, além de fazer-se crítica ao direito, é uma crítica a determinado modo de conhecê-lo. Esboçando um só horizonte, ao refletir sobre o direito e o saber jurídico instituídos, procura vários caminhos, valendo-se de elementos conceituais auxiliares das demais ciências do homem. O marxismo, enquanto mundividência específica dotada de filosofia singular construtora de categorias teoricamente úteis, é também objeto de incorporação por aquele pensamento. Podem-se esboçar duas críticas, as quais, embora seguindo fins próximos, fazem-no segundo trajetórias não idênticas. Está-se a referir a uma crítica duplicada, que revê tanto o marxismo ortodoxo como os discursos jurídicos tradicionais, ao lado da qual se encontra uma crítica não marxista do direito. A crítica não marxista do direito é uma crítica reduplicada. Não bastando o duplo deslocamento operado pela crítica marxista, a crítica reduplicada vai além dela (ou aquém, muitas vezes), questionando a possibilidade de uma teoria marxista do direito, bem como a suficiência do marxismo para dar conta de um objeto como o direito. Pretende, porém, ter superado o marxismo, quando estuda o jurídico, revendo-o enquanto formação discursiva,[123] enquanto prática social ou, ainda, enquanto relação de poder.

A retomada de epistemologias dialéticas com um sentido de engajamento histórico muito pronunciado delineará um movimento formado por pesquisadores que serão chamados de novos jusfilósofos brasileiros.[124]

---

[123] Um sistema de regras de formação que disciplinam objetos, tipos enunciativos, conceitos e temas, caracteriza o discurso como regularidade e determina uma formação discursiva. Cf. MACHADO. *Ciência e saber*: a trajetória da arqueologia de Foucault, p. 163.

[124] Como ficará claro no texto, os novos jusfilósofos brasileiros não compõem algo como um movimento organizado e homogêneo. Essa expressão serve apenas para designar novo tipo de ótica sobre o direito; esta a característica que os aproxima. Sua identidade se manifesta não tanto pelo que dizem, mas porque dizem, razão que se traduz pelo propósito único de repensar, criticamente, o direito. Citaremos alguns nomes que atualmente, no Brasil, se enquadram nessa linha. Antes ressaltemos o trabalho de algumas revistas jurídicas nacionais nesse sentido. É o caso da revista *Seqüência*, do curso de mestrado em direito da UFSC; da revista *Contradogmáticas*, da Associação Latino-Americana de Metodologia de Ensino do Direito (ALMED); e da revista *Direito & Avesso* (Boletim da Nova Escola Jurídica Brasileira), criada por um grupo de jovens pesquisadores de Brasília, as quais muito têm contribuído para o desenvolvimento da teorização crítica. Vejamos alguns nomes que se ligam, de um modo ou de outro, a esse movimento: Luís Alberto Warat (*Mitos e teorias na interpretação da lei, Ensino e saber jurídico,* Reencontro com Kelsen); Luiz Fernando Coelho (*Lógica jurídica e interpretação das leis, Introdução à crítica do direito*); Roberto Lyra

2.2.1 A crítica duplicada do direito

Interessa analisar neste momento não a crítica que o marxismo formula ao direito (ou seja, às relações jurídicas que, ao nível das práticas sociais concretas, são estabelecidas heteronomamente entre sujeitos de direito), mas sim a crítica ao saber jurídico dominante (que mostra as relações jurídicas deste modo e não de outro, tentando desvendar as razões pelas quais isso ocorre). O terreno é ainda o epistemológico. Nesta medida, é necessário encontrar o lugar a partir de onde o marxismo critica o direito competente.

Está-se a referir a um marxismo crítico distinto, por sua teoria e aplicação prática, tanto do marxismo dos fundadores Marx e Engels, como do marxismo soviético, desenvolvido na esteira das contribuições teóricas de Lênin e Trotski.[125] O materialismo renovado seria, neste caso, aquela filosofia que soma às contribuições marxianas os deslocamentos propostos por Gramsci e Althusser. Destes, será mencionado apenas o pensamento de Althusser, pois (esta é nossa hipótese) este autor sintetiza uma epistemologia que, coincidindo, de modo geral, com o estatuto epistêmico das ciências contemporâneas, estará presente, mais tarde, nas obras de Miaille e Poulantzas, mais ligados à problemática jurídica, na medida em que objetivam construir uma ciência crítica e marxista do direito; autores com trânsito regular nos textos filosóficos e jurídicos brasileiros.

O projeto althusseriano é um projeto político e histórico e, nesta linha, inevitavelmente, epistemológico. Em síntese, "trata-se de dar ao marxismo a filosofia que ele merece", ou seja, a fundamentação epistêmica de que ele necessita. Isso implica rever a ciência criada por

---

Filho (*Para um direito sem dogmas, Problemas atuais do ensino jurídico, Razões de defesa do direito, O que é direito, Direito do capital e direito do trabalho*); Rosa Maria Cardoso da Cunha (*O caráter retórico do princípio da legalidade, Ensino e saber jurídico*); Roberto A. R. Aguiar (*Direito, poder e opressão, O que é justiça*: uma abordagem dialética); José Geraldo de Sousa Jr. (*Para uma crítica da eficácia do direito*: anomia e outros aspectos fundamentais); Agostinho Ramalho Marques Neto (*A ciência do direito*: conceito, objeto e método); Tarso Fernando Genro (*Introdução à crítica do direito do trabalho*) e Juarez Cirino dos Santos (*A criminologia radical*), estes dois últimos dialogando mais intensamente com o marxismo; e José Maria Gómez (Elementos para uma crítica à concepção juridicista do Estado). Dentro desse movimento podemos citar, ainda, as dissertações de mestrado de Edmundo Lima Arruda Jr. (*A função social das escolas de direito*: a (re)produção do saber em San Tiago Dantas); Leonel Severo Rocha (*As dimensões de legitimação-dominação do discurso jurídico sobre o poder soberano*); Gisele Guimarães Cittadino (*A legitimação ideológica da repressão estatal*); José Afonso do Nascimento (*Crítica da concepção juridicista de Estado*), além de outras, todas apresentadas no Curso de mestrado em direito da UFSC. A enumeração é apenas exemplificativa.

[125] Essa classificação é encontrada em SCHWARTZENBERG. *Sociologia política*, p. 71.

Marx. O projeto é ambicioso e, tanto política como epistemologicamente, compreensível diante do momento em que se delineia. Os primeiros escritos de Althusser, datados de 1965, *Pour Marx* e *Lire le Capital*, estão inseridos num momento de surpreendente criatividade e indefinição para o marxismo. São textos que testemunham, depois do XX Congresso do Partido Comunista da União Soviética (PCUS) em fevereiro de 1956, a passagem de uma teorização ortodoxa e pauperizada para uma multiplicidade de retomadas teóricas, como o humanismo sartreano e as contribuições do próprio Althusser.

A circunstância, portanto, não era propícia para apenas repensar e criticar "aquele" marxismo soviético e stalinista. Tarefa mais extenuante impunha-se, qual seja, a reconstrução, desta vez no nível teórico, do materialismo. O economicismo e o determinismo mecânicos da era stalinista deveriam ceder passagem para uma instância cognoscitiva que, antes de qualquer coisa, estabelecesse condições de possibilidade para as explicações marxistas. Nesse sentido, tentando fugir do dogmatismo típico da fase precedente, e não aceitando o binômio antitético ciência burguesa/ciência proletária, Althusser trabalhará no sentido de reconquistar a cientificidade do marxismo, labor que se converte "numa preocupação quase obsessiva".[126] Para tanto, dialogará com a filosofia das ciências contemporânea, o que lhe possibilitará tomar de empréstimo alguns conceitos de suma importância, tanto para suas teorizações como para o marxismo em geral. Isto acabará por identificá-lo, de alguma maneira, e longe das concepções de mundo que os apartam, com as epistemologias das ciências humanas atuais, o que será suficiente para marcá-lo como teoricista (exagerado apego às construções teóricas em detrimento da práxis, e subordinando esta, em última instância, àquela).

Para Althusser, o marxismo é uma ciência revolucionária, não porque se mostre como um dos polos antitéticos da dicotomia ciência proletária/ciência burguesa, mas, ao contrário, porque tendo o mesmo estatuto de cientificidade das demais ciências, coloca seu dispositivo conceptual a serviço da revolução (o que faz estando em relação prática com ela).[127] Eis por que é possível sugerir, hipoteticamente, que a diferença primeira entre as teorias críticas marxistas e as não marxistas reside no fato de que enquanto as primeiras falam em nome da ciência, da verdade e da revolução, as segundas fazem-no apenas em nome da

---

[126] SÁNCHEZ VÁZQUES. *Ciência e revolução*: o marxismo de Althusser, p. 17.
[127] SÁNCHEZ VÁZQUES. *Ciência e revolução*: o marxismo de Althusser, p. 158-159.

ciência, da verdade e, eventualmente, da justiça social: "a revolução é privilégio marxista, mas a ciência não!". Por ciência, Althusser entende "uma prática específica que leva à apropriação cognoscitiva do real ou à produção de conhecimentos. Como em toda prática, há nela um esforço de transformação que se exerce sobre uma matéria-prima teórica (conceitos, representações, instituições etc.) que, depois de trabalhada com os meios de produção teóricos correspondentes, produz um objeto teórico ou 'objeto de conhecimento'".[128]

A preocupação althusseriana, assumida mais tarde, embora não substancialmente, por Poulantzas (Marx y el derecho moderno) e por Miaille (Uma introdução crítica ao direito), parece já estar presente no velho Marx. De fato, tendo Marx vivido num século contaminado pela preocupação cientificista, e tendo sido contemporâneo tanto do naturalismo quanto do historicismo epistemológicos, vertentes preeminentes nas construções discursivas de então, fez-se um dos construtores das ciências do homem. Entretanto, criticava as ciências meramente especulativas, compreensivas ou explicativas, típicas do idealismo e empirismo de então em nome da constituição de um saber mais preocupado em transformar o mundo do que, propriamente, em conhecê-lo ou interpretá-lo.[129] Uma ciência aplicada aos homens, ciência do diagnóstico da condição humana, da qual a práxis necessita para se corrigir permanentemente em busca dos "processos revolucionários de libertação do homem".[130] Mas, ao mesmo tempo, ciência positivada, como qualquer outra.

Talvez pelas características culturais da época e lugares onde Marx viveu, percebe-se, em sua obra, uma luta no sentido de consolidar a legitimidade e a dignidade do materialismo enquanto ciência. E nele, porque a unidade teoria-práxis é indissolúvel, e aquela é, em última instância, uma autoteorização desta, o pensamento, enquanto trabalho teórico, deve auto-superar-se sempre, captando discursivamente a historicidade do movimento revolucionário, por meio da retificação incessante de seus termos e expressões conceptuais. As retificações não se dão enquanto *démarches* puramente teóricas, mas, relativamente ao movimento concreto da história, aparecem como rupturas e deslocamentos necessários para seu acompanhamento. Estes pontos não

---

[128] SÁNCHEZ VÁZQUES. *Ciência e revolução*: o marxismo de Althusser, p. 21.
[129] Faz-se menção à undécima tese marxiana sobre Feuerbach.
[130] JAPIASSU. *Nascimento e morte das ciências humanas*, p. 78.

são esquecidos, mas desprivilegiados pelo Althusser teoricista.[131] Este desvio é corrigido, mais tarde, numa segunda fase de sua filosofia, onde tenta rever posições ratificando a unidade teoria-práxis como essencial ao marxismo.

A preocupação em demonstrar o rigor e a dignidade do pensamento é comum a todas as ciências. Entretanto, Althusser radicalizará essa tendência ao instrumentalizar o materialismo com um código justificador mais ou menos comum às demais ciências do homem. Disso decorrerá a postulação da autonomia da teoria, ou seja, da prática teórica em relação à prática política, manejando uma linguagem eminentemente teórica e racionalista. Em Althusser, o muro que separa o conhecimento científico do pré-científico ou ideológico será, como em Bachelard, o corte epistemológico. A partir dele uma série de outros conceitos emergirão. O corte, como o próprio nome indica, é uma ruptura substancialmente teórica. Demarca o terreno de duas problemáticas relativamente homogêneas (porque são teóricas) por um lado, e radicalmente opostas por outro, já que são zonas teóricas tomadas por estruturas discursivas diferentes. À problemática ideológica, opor-se-á outra, científica.

Assumindo uma filosofia comum às outras ciências humanas, o marxismo althusseriano desautoriza interpretação que caracterize o desenvolvimento do saber segundo um progresso contínuo da razão. Propõe, pelo contrário, a descontinuidade histórica, segundo a qual o progresso científico é operado por meio de cortes conceituais. Isso evidencia outra face do conhecimento em Althusser, qual seja, a provisoriedade do pensamento, dada a impossibilidade de o objeto real sofrer apreensão integral. O conhecimento do objeto somente é possível pela mediação do pensamento que constitui um objeto de conhecimento. Este difere do objeto real, pois é a fase teórica que tenta apreender aquele. Outra característica da filosofia althusseriana é a definição do objeto da ciência como objeto construído.

Estes pontos passaram por revisões, mais tarde. Ao primado da teoria sobre a práxis Althusser tentou restabelecer a correlação entre ambas, redefinindo a teoria como autoteorização da práxis. Impõe-se, portanto, a revisão dos conceitos atinentes à prática teórica, notadamente do conceito fundamental relativo ao corte epistemológico.

---

[131] A tese teoricista de Althusser corresponde aos seus primeiros escritos, notadamente *Pour Marx* e *Lire le Capital*. A segunda fase, tomada por análises autocríticas e autocorretivas, se dá a partir de 1967, com os trabalhos: *Curso de filosofia para cientistas* (1967), *Lênin e a filosofia* (1968), *Resposta a Lewis* (1973) e *Elementos de autocríticas* (1979). Cf. SÁNCHEZ VÁZQUES. *Ciência e revolução*: o marxismo de Althusser, p. 5.

Entretanto, se o pensador renuncia ao projeto de autonomização da ciência, captando o corte como um acontecimento histórico social, não deixará de chamá-lo de epistemológico. Isso sugere, como denuncia Sánchez Vázques, algum resquício de teoricismo que permaneceu em seu discurso.

De uma maneira ou de outra, e mesmo passando pelo crivo de algumas elaborações críticas, a teoria althusseriana estará presente nos trabalhos de Poulantzas[132] e Miaille.[133]

O universo de Poulantzas é o das teorizações marxistas sobre o direito. Diferente, portanto, do universo de Miaille,[134] em que as formulações dos próprios juristas são contrastadas com o pensamento marxista. Universos onde estarão presentes as conceptualizações althusserianas,[135] que aceitam a prática teórica como dotada de autonomia relativa.

O tipo de relacionamento entre marxismo e ciência do direito identifica, à primeira vista, um registro de cientificidade aceito também pelos novos juristas brasileiros. Há neste caso, entre estas duas correntes, certa proximidade a nível epistemológico.

2.2.2 A crítica reduplicada do direito

É importante frisar que a expressão novos jusfilósofos não designa um movimento orgânico de redefinição do jurídico. Se o é, isto ocorre apenas acidentalmente. Ora, não há uma escola teórica organizada para revisar o direito. Há, sim, certa confluência de preocupações que se fazem notar a partir da análise de uma produção discursiva

---

[132] Não se está a referir ao Poulantzas de *Nature des choses et droit*, mas ao de *Hegemonía y dominación en el Estado moderno*, onde aparecem textos como La teoría marxista del Estado y del derecho y el problema de la "alternativa" e Marx y el derecho moderno.
[133] Refere-se ao Miaille de *Uma introdução crítica ao direito*.
[134] MIAILLE. *Uma introdução crítica ao direito*.
[135] Esses autores criticarão a partir da renovação do marxismo, ocorrida em 1956, as teorias jurídicas marxistas soviéticas elaboradas no período anterior ao início da desestalinização do marxismo. O período referido congrega dois subperíodos. O primeiro começa em 1917, com a revolução russa e termina em 1938, até a consolidação de Stálin no poder. Os principais jusfilósofos dessa época são Stucka, Reisner, Pachukanis e Korovine. Já o segundo período, que se prolonga até a morte de Stálin em 1953, resistindo até 1956, quando ocorre o XX Congresso do PCUS, tem como autores principais Vychinsky, Strogovitch e Kojeunikov. As críticas de Poulantzas e, depois, de Miaille, recairão sobre o que eles chamam de *economicismo* (Stucka e Pachukanis) e *voluntarismo* (Reisner e Vychinsky). Sobre a produção jurídica na URSS, consultar MOTTA. *O homem, a sociedade, o direito, em Marx*, p. 92.

heterogênea, que, de modo geral, guarda alguns pontos nodais constantes. Estes pontos sugerem a existência de renovado tipo de olhar: eis o toque qualitativo que autoriza falar em nova jusfilosofia. Essa busca embrionária de reconstrução teórica evidencia outro momento para o direito, a partir do qual a dogmática — entendida não como atitude cega de apego indiscriminado a dogmas, mas como tipo específico contemporâneo e ocidental de pensar o direito — passaria pelo crivo de elaborações questionadoras. Estas não deixam de encará-la como manifestação ideologicamente comprometida; disciplina que não passando de construção a-científica necessita de um corte favorecendo a formação do saber jurídico crítico (este sim) dotado de cientificidade.

Os caminhos percorridos para concluir pela insuficiência teórica dos discursos jurídicos tradicionais são os mais diversos. Elementos conceituais das disciplinas do homem[136] são chamados e absorvidos. Essa assunção consciente e necessária da interdisciplinaridade quebra dois mitos.[137] Está-se a referir ao mito da separação dos saberes, notadamente da autonomia da ciência jurídica, que conduz à proclamação do especialista como conhecedor competente do jurídico.[138] Este mito acabava por defender a utilização, pelo processo cognoscitivo, de métodos particularizados em face de presumível especificidade do fenômeno jurídico. A formulação é insubsistente quando confrontada com a demonstração de que a positividade da ciência deve ser compreendida não em função do método que o pesquisador utiliza, e este já é o segundo dos mitos referidos, senão que em face dos resultados teóricos apresentados, das questões inventariadas e inauguradas e da articulação conceitual do texto. Para o seu trabalho, pode o cientista utilizar-se dos mais variados métodos, porque o que conta é o resultado final, ou seja, a solidez teórica da construção conceitual.[139] A cientificidade da teoria jurídica não deve ser julgada antecipadamente diante do método do jurista, como se existisse um método — este ou aquele — para fazer ciência. Deve, sim, ser avaliada relativamente ao

---

[136] Neste caso, menciona-se as ciências do homem *lato sensu*, englobando, por essa locução, tanto as ciências do homem em sentido estrito, como as ciências empíricas que constituem *o eixo da vida, da produção e da linguagem* do triedro dos saberes de Foucault (v. adiante). Esse é o eixo epistemológico da biologia, da economia e da ciência da linguagem.

[137] O significante é utilizado não no sentido antropológico-estruturalista, mas como "uma forma científica do ideológico no plano do discurso". V. WARAT. *Mitos e teorias na interpretação da lei*, p. 127.

[138] Esse mito foi exaustivamente estudado por MIAILLE. *Uma introdução crítica ao direito*, p. 52.

[139] MARQUES NETO. *A ciência do direito*: conceito, objeto e método, p. 49.

que ela apresenta como resultado de investigação. Isto evidencia a insuficiência daquela segunda manifestação mitológica.

A crítica reduplicada do direito, mostrando-se ora como teoria crítico-dialética do fenômeno jurídico, ora como teoria crítica do discurso jurídico, manifesta-se como conjunto de enunciados que, retomando o direito, quer enquanto fenômeno real e observável, quer enquanto formação discursiva particularizada, propõe-se a constituir uma ciência crítica desse objeto.

Nem todos os novos jusfilósofos pensam do mesmo modo. Várias linhas teóricas vão-se abrindo. Afinal, a crítica do direito não constituiu movimento homogêneo e integrado. Antes é "um conjunto de vozes dissonantes que, sem constituir-se, ainda, em sistema de categorias, propõe um conglomerado de enunciações apto a produzir um conhecimento do direito, capaz de fornecer as bases para um questionamento social radical".[140] Não é um coro a cantar em vozes tonais e em uníssono a renovação do direito. Pelo contrário, deve-se entendê-la como um corpo de canções nascidas a partir de lugares e polos moleculares pouco próximos, mas com um mesmo objetivo. Eis por que alguns retomam a história, ou a sociologia, e outros a semiologia e mesmo a epistemologia ou a história das ciências como fornecedores de elementos conceituais para a revisão crítica do direito institucionalizado. Uma preocupação comum os anima, aproximando-os epistemologicamente: estabelecer, concreta e positivamente, a cientificidade de um saber interrogante, crítico e questionador. Por sua vez, isso somente será possível por meio da denúncia, como ideológica, da ciência do direito, o que, em contrapartida, exige uma recusa a dogmas.

Para além das dissidências interiores ao pensamento crítico, descortina-se uma relativa identidade, traduzida nos seguintes propósitos comuns: (i) *denúncia ideológica*; (ii) *recusa do dogma*; e (iii) *reconstrução da ciência jurídica*. Estes dados demonstram a utilização de signos paradigmáticos de cientificidade semelhantes.

Persiste a antinomia ciência-ideologia: a ciência constitui-se a partir de uma fratura que inaugura uma problemática científica distanciada, qualitativamente, do próprio discurso ideológico. Tal fratura manifesta-se como um salto qualitativo sobre os obstáculos epistêmicos que impediam o avanço do conhecimento crítico.

---

[140] WARAT. Saber crítico e senso comum teórico dos juristas. *Seqüência*, p. 48.

Esta filosofia faz-se presente em textos de autores como Luiz Fernando Coelho,[141] Luís Alberto Warat[142] e Agostinho Ramalho Marques Neto,[143] aparecendo também, ainda que de modo marginal, na obra de Roberto Lyra Filho.[144] Parece ficar evidenciado o propósito de questionar a ciência jurídica dogmática e procurar outra ciência do direito. Dá-se continuidade a uma tradição vinda desde o historicismo: a de justificar a dignidade teórica da atividade do pesquisador do direito. A possibilidade de uma ciência jurídica é fato posto e necessário. Para concretizá-la, impõe-se, antes, denunciar o caráter ideológico das formulações anteriores. Aqui, porém, há um senão: a racionalidade crítica jamais colocou em dúvida o caráter científico da disciplina jurídica, enquanto ciência humana. Pelo contrário, essa qualificação esteve sempre fora de questionamento.

O assunto será discutido no item subsequente. Desde já, convoca-se a presença do pensamento de Foucault como subsídio para as reflexões ali produzidas.

2.3 O jurídico e o social enquanto saberes

Se as disciplinas do homem formaram-se após o nascimento do homem[145] enquanto conceito e *a priori* histórico necessário,[146] mediante o desligamento da filosofia, de que modo é possível explicar a emergência de uma teorização que, anterior ao próprio nascimento do homem e, portanto, anterior ao próprio nascimento das ciências humanas, define-se como ciência humana? A questão é fascinante.

Negando-se a admitir a cientificidade de teorias como as nascidas sob o colorido dogmático, o pensamento crítico busca construir o saber, de modo análogo às ciências do homem. Isto evidencia a concepção

---

[141] COELHO. *Lógica jurídica e interpretação das leis*, capítulos II e XI; e COELHO. *Introdução à crítica do direito*.
[142] WARAT. *Mitos e teorias na interpretação da lei*; e WARAT; CUNHA. *Ensino e saber jurídico*.
[143] MARQUES NETO. *A ciência do direito*: conceito, objeto e método, v. capítulos II e III.
[144] LYRA FILHO. *O que é direito*, v. capítulos "Principais modelos de ideologia jurídica" e "Sociologia e Direito", p. 33, 67.
[145] Segundo Foucault (*As palavras e as coisas*: uma arqueologia das ciências humanas, p. 457), "de uma maneira mais geral, o homem, para as ciências humanas, não é esse vivo que tem uma forma bem particular (uma fisiologia bastante especial e uma autonomia quase única); ele é esse vivo que, no interior da vida a que pertence inteiramente e pela qual é atravessado em todo o seu ser, constitui representações graças às quais vive e a partir das quais possui essa estranha capacidade de poder ter da vida uma representação justa".
[146] FOUCAULT. *As palavras e as coisas*: uma arqueologia das ciências humanas, p. 447.

segundo a qual a possibilidade do acesso das disciplinas humanas ao código científico é inquestionável. Entretanto, antes de ciência, as disciplinas humanas podem constituir "outras configurações do saber".[147]

Ensina Foucault que o homem — não o homem real e dotado de certa forma e significado biológicos, mas o que se constituirá em objeto das ciências humanas — somente apareceu, não a partir ou em decorrência de, mas justamente com a era da positividade. Com ele surgirá, no quadro epistemológico da nova era, uma *outra* configuração de saber, a qual se convencionou chamar de ciência daquele objeto, ou seja, do homem. O que não ocorreria não tivesse havido, antes, uma fratura epistemológica que segmentou em direções não idênticas a *episteme* contemporânea, condicionando os discursos formalizados e rigorosos, não necessariamente matematizados e definindo condições próprias para o aparecimento das ciências da vida, da produção e da linguagem. Isso, segundo um paradigma de cientificidade que, conforme Foucault, constituiu eixo epistemológico único, distinto do eixo das matemáticas e da física matematizada, bem como do eixo dos saberes filosóficos que estudam o homem em sua finitude.

As disciplinas humanas nascem a partir das ciências empíricas da vida, da produção e da linguagem em contato com a filosofia moderna e com a ciência da matemática (esta, em última análise, desenha a formalização dos discursos). Por essa razão, nos níveis do discurso e do objeto cognoscente, estas ciências têm relação com as ciências empíricas, tanto de aproximação, de onde decorre a absorção de elementos conceituais, como de distância (com o que parece ficar explicada a especificidade de suas *démarches* caracterizadas como intermediários entre as *démarches* filosóficas e as empírico-científicas).

É possível dizer que "as ciências humanas apareceram no dia em que o homem se constituiu na cultura ocidental ao mesmo tempo como o que é necessário pensar e o que há a saber".[148] Acontecimento que se produziu "numa redistribuição geral da *episteme*: quando, abandonando o espaço da representação, os seres vivos se alojaram na profundidade específica da vida, as riquezas num surto progressivo de formas de produção, as palavras no devir das linguagens".[149] Entretanto, se com isso as ciências humanas viram-se na possibilidade de se constituírem

---
[147] FOUCAULT. *As palavras e as coisas*: uma arqueologia das ciências humanas, p. 475.
[148] FOUCAULT. *As palavras e as coisas*: uma arqueologia das ciências humanas, p. 445.
[149] FOUCAULT. *As palavras e as coisas*: uma arqueologia das ciências humanas, p. 445.

como saberes inscritos no enraizamento da *episteme*, foi necessário outro deslocamento teórico, no campo do objeto dessas disciplinas, para que elas pudessem definitivamente esboçar configuração específica. Isto ocorreu quando se definiu o espaço dessas ciências como aquele designado pelo homem. Homem não enquanto realidade empírica, mas enquanto representação de si. Daí a pergunta: se a economia, tratando do trabalho e da produção, e a linguagem da fala, sua gênese e constituição, mostram-se como ciências do homem, porque não se situam entre as disciplinas humanas? A esta pergunta a Arqueologia responderia que, definindo suas análises sobre o homem como ser concreto e natural, como vida, como linguagem e produção, e não sobre a representação que os homens em vida fazem dessa realidade, não poderiam definir-se como ciências humanas. Além do que, estas trabalham sobre o homem enquanto "reduplicação empírico-transcendental",[150] reduplicação que se manifesta no próprio objeto desses saberes, pois estes não o vendo enquanto empiricidade localizam-no ao nível de sua representação, repetindo, em outra esfera, o discurso filosófico da finitude humana.

Remanesce a dificuldade na confirmação da cientificidade desses saberes. Apanhe-se apenas um exemplo. Está-se a referir à possibilidade dessas disciplinas sofrerem um corte epistemológico que, inaugurando problemática definida, proclame a cientificidade do discurso sobre o homem, impedindo, absolutamente, qualquer retorno à problemática superada. Em relação às ciências humanas, isso é praticamente impossível.[151] Aceitamos contrariados, principalmente quando nos deparamos com as tentativas de pensadores que se dedicam a demonstrar essa possibilidade.[152] Ora, a problemática das ciências humanas, ainda que dotadas de dignidade teórica que as autoriza falar de lugar não ideológico e não filosófico, parece dar continuidade a uma problemática anterior, identificada com a representação que os homens, em sociedade, produzem de si mesmos, de sua vida, de seu trabalho e de sua linguagem. Além do mais, como o objeto desses saberes não é o homem concreto, fisiológico e animal, a despeito de produtivo e falante, mas o homem representado por si e pelos seus, distancia-se também o acesso à objetividade própria das demais ciências. Mas isso, de qualquer modo, se é um fator a ser considerado, não impede, definitivamente, o acesso das "humanidades" à condição de científicas. Segundo Foucault, o que não

---

[150] JAPIASSU. *Nascimento e morte das ciências humanas*.
[151] JAPIASSU. *Nascimento e morte das ciências humanas*, p. 252.
[152] V. BOURDIEU; PASSERON; CHAMBOREDON. *Le métier de sociologue*.

permite esta qualidade não é a particularidade quase inacessível de seu objeto, mas a própria configuração desses saberes enquanto enraizados na *episteme* contemporânea. Por essa razão, não podem ser acusadas de falsas ciências: absolutamente não são ciências.

Lutando para definir sua cientificidade, as disciplinas humanas elaboram novos estatutos, fogem de situações paradigmáticas postas para elaborar outras, tentando se adaptar ao modelo epistêmico das ciências naturais ou promovendo espaço próprio, cultural ou histórico, definido como único para essas disciplinas; tudo para justificar a diferença ou a semelhança desses saberes em relação ao discurso e objetividade, mais exatos, de outros. Eis por que as ciências humanas vivem em crise epistemológica, denunciando formulações, as quais, de acordo com renovados padrões ou modelos, sofrem a pecha de "ideológicas", "ultrapassadas", "juridicistas" ou "psicologistas" etc. A cada novo deslocamento teórico, um novo número de adjetivos qualificará as *démarches* anteriores, e o que não passa, muitas vezes, de mudança de padrão discursivo é tratado como se fora um corte epistemológico. Ora, as ciências humanas, e entre elas, a do direito, podem estar buscando lugar onde jamais chegarão. Não é possível negar a possibilidade de, um dia, as disciplinas humanas constituírem ciências. Todavia, nesse dia, certamente a era da positividade terá passado. Na *episteme* atual, isso não será possível. Não porque se tem uma *Weltanschauung* que impeça o atingimento de tal desiderato, mas ao contrário, porque possuindo uma *Weltanschauung* cientificista, isso fica impossibilitado em razão da *episteme* que, antes de qualquer coisa, condiciona essa cultura, estabelecendo, ela mesma, as condições de emergência dos saberes científicos. Essa mesma *episteme* delineará a positividade das disciplinas humanas, que não as posiciona junto aos discursos científicos propriamente ditos ou aos discursos filosóficos. Entretanto, isso não quer significar que esses saberes ficam à mercê das opiniões, reduzindo-se a mera doxologia. Ao contrário, o discurso sobre o homem, enquanto saber, é dotado de lugar próprio no quadro genérico das epistemologias, possuindo características definidas pela própria *episteme*.

Em relação ao lugar epistemológico próprio das disciplinas humanas, Foucault o situa a partir do desvelamento do domínio da estrutura epistemológica contemporânea como um espaço tridimensional. Esse triedro dos saberes, analisado exaustivamente no Capítulo X de *As palavras e as coisas*, é constituído por três eixos, os quais, partindo do mesmo ponto, se distanciam formando o quadro em três dimensões que fixa os espaços volumosos relativos aos saberes. O primeiro domínio seria o das ciências matemáticas e físicas, "protótipo de toda cientificidade".¹⁵³ No segundo, estariam situadas as ciências empíricas da vida, da produção e da linguagem. O terceiro domínio constituiria o eixo da reflexão filosófica.

Essas dimensões entre si formam planos, em número de três:
1. O das matemáticas aplicadas, comum ao eixo da matemática e ao das três ciências da vida, da produção e da linguagem;
2. O da formalização do pensamento, comum ao eixo da matemática e ao da reflexão filosófica;
3. O das antologias regionais, comum ao eixo das ciências da vida, da produção e da linguagem.¹⁵⁴

Esse triedro aparentemente exclui as ciências humanas, já que não são encontradas em nenhum dos planos definidos pelos eixos referidos entre si. Entretanto elas estão presentes, pois "é no exercício destes saberes, mais exatamente no volume definido pelas suas três dimensões, que elas encontram o seu lugar. Esta situação (num sentido menor, mas, por outro lado, privilegiado) põe-nas em relação com todas as outras formas de saber".¹⁵⁵

A representação gráfica elaborada por Japiassu facilita a compreensão do triedro foucaultiano.

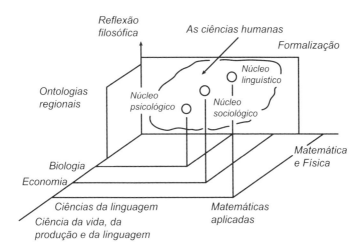

---

¹⁵³ JAPIASSU. *Nascimento e morte das ciências humanas*, p. 209.
¹⁵⁴ JAPIASSU. *Nascimento e morte das ciências humanas*, p. 209; e também JAPIASSU. *Introdução ao pensamento epistemológico*, p. 114.
¹⁵⁵ FOUCAULT. *As palavras e as coisas*: uma arqueologia das ciências humanas, p. 451.

As ciências humanas situam-se naquela espécie de "nuvem de disciplinas representáveis"[156] no interior do triedro. Não possuem, como a filosofia, a matemática e a física, ou as ciências da vida, da produção e da linguagem, um eixo epistêmico particular. Ao contrário, tomam, de empréstimo, modelos dos eixos constituídos. Nesse sentido, a psicologia desenvolve-se a partir dos conceitos elementares de função e de norma, tomados à biologia; a sociologia nasce a partir dos conceitos de conflito e regras tomados de empréstimo à economia; e as ciências da literatura e cultura linguística constituem-se em função dos conceitos de sentido e sistema emprestados à ciência da linguagem. E todas, ainda que apenas mediatamente, comunicam-se com o eixo das ciências rigorosas, o qual, materializando as ciências por excelência, manifesta certa influência em relação à formalização do pensamento.

E o saber jurídico? Assim como a história, o lugar da ciência do direito no triedro dos saberes é problemático; deveria ocupar o mesmo espaço das demais ciências do homem. Ocorre que a história e o direito preexistiram à época da consolidação das disciplinas humanas. A questão do saber histórico não será discutida, pois ultrapassa os propósitos deste trabalho. Quanto à ciência do direito, não ocupa lugar único, imerso na nuvem epistemológica das ciências humanas (enquanto situadas no triedro retro desenhado). Ela é encontrada diluída, espalhada pelo campo do saber sobre o homem, tantas foram as formulações que quiseram "localizá-la" epistemologicamente. A questão é ainda mais complexa quando se tem em mente que esse saber relaciona-se com uma prática teórica anterior que vem condicionando sua possível vocação científica. Porque, se toda ciência, antes de qualquer coisa, deve conceituar seu objeto (leia-se construir), elaborando-o teoricamente — o que significa responder a questão: *o que é tal ou qual fenômeno?* —, isto não acontece com o direito. Este vem assumindo particularidade que pode condená-lo a morrer como saber instrumental: o direito, ao contrário da história, da sociologia e da psicologia, é saber ao mesmo tempo em que é prática social, e, a partir de sua positivação, prática social e discursiva institucionalizada. Desde Kant a ciência do direito vem se situando num plano técnico. Segundo este autor, a investigação jurídica é dividida, quinhões distintos para a filosofia e a ciência jurídicas. Àquela cabe estudar o *quid ius*, ou seja, o que é o direito; a esta cabe apontar o *quid iuris*, o que é de direito conforme a ordem vigente. A história da ciência jurídica tem sido a história da retomada dessa questão. Retomemo-la mais uma

---

[156] JAPIASSU. *Introdução ao pensamento epistemológico*, p. 115.

vez, ligando-a à polêmica traduzida pelo antagonismo entre modelos que tentam justificar a prática teórico-jurídica tradicional como científica em relação a outros que tentam fundar uma "verdadeira" ciência do direito. O primeiro caso transparece como (antes de teorizações fundadas sobre bases rigorosas) discursos filosóficos reprodutores e instrumentalizadores do raciocínio dogmático do jurista. Trata-se de formulações que devem ser enquadradas no eixo próprio da reflexão filosófica, enquanto se mostram como discurso filosófico. Acaso apresentem-se como discurso tecnológico, seu lugar limitar-se-á ao espaço ocupado pela nuvem que representa a localização das ciências humanas. Este é o caso do pensamento chamado de "juridicista", ou seja: da dogmática. Quanto à segunda hipótese, esta é mais precisamente a dos vários "sociologismos" jurídicos, do marxismo crítico e da crítica do direito.

Afirmou-se que as ciências humanas formaram-se a partir da importação de cânones e conceitos, em geral, próprios ao eixo das ciências da vida, da produção e da linguagem. Assim, se estes três pares: *função* e *norma*; *conflito* e *regra*; e *significação* e *sistema* referem-se às relações entre biologia-psicologia, economia-sociologia e linguística-análise das literaturas, eles não se esgotam aí. Porque, "todos os conceitos são retomados no volume comum das ciências humanas, valem em cada uma das regiões que esse volume envolve: daí se segue que é difícil muitas vezes fixar os limites, não só entre os objetos, mas também entre os métodos específicos da psicologia, da sociologia, da análise das literaturas e mitos".[157] Dada a possibilidade de múltiplas retomadas conceituais, a ciência do direito não possui localização única; ao contrário, encontra-se pulverizada, distribuída, diluída, pela nuvem epistemológica do triedro dos saberes. As formulações "sociologistas" constituem-se a partir do empréstimo de conceitos fornecidos pela biologia (função, órgão) e pela linguística (sentido, sistema) e as marxistas e algumas das críticas dos novos jusfilósofos ficarão devendo aos padrões oferecidos pela economia (conflitos, regras). Evidente que tomam, ainda, outros conceitos, de outras disciplinas, conciliando-os com a filosofia das ciências contemporâneas (no caso dos últimos). Essas importações conceptuais são não apenas comuns, mas condição de possibilidade das ciências humanas.

Tais reflexões sugerem ser irrelevante provar a cientificidade do discurso jurídico. Seu terreno epistemológico o situa como disciplina

---
[157] FOUCAULT. *As palavras e as coisas*: uma arqueologia das ciências humanas, p. 465.

não científica, embora dotada de positividade. Não é mera ideologia, ou opinião. É um *saber*, formalizado segundo configuração própria. Nas disciplinas jurídicas é difícil afirmar uma história identificada com certa história do progresso da razão. Tendo se constituído em função de eixos diversos, os deslocamentos teóricos que efetivam, antes de configurarem saltos qualitativos, podem manifestar acesso a conceitos e modelos de outros eixos epistemológicos; uma passagem, por exemplo, de um contato aproximativo com a biologia, para um contato mais chegado com a economia, ou com a linguística. Como se vê, tais deslocamentos podem não passar de mera mudança de terreno teórico; o que não significa, absolutamente, a ocorrência de rupturas que facilitem o acesso a uma racionalidade sempre maior.

CAPÍTULO 3

A LEI QUE FALA O DIREITO

3.1 Os saberes tradicionais

Arrimados no dualismo kantiano *sein-sollen* e, ainda, na divisão entre o mundo da filosofia do direito e o da ciência jurídica, surgiu, nos últimos séculos, um formidável número de teorias. São na verdade uma "ciência" do *jus strictum*, ou seja, da lei e da norma.[158] A reflexão mais ampla cabe à filosofia, discurso não afeito, por sua vez, às peculiaridades do mundo prático da juridicidade.

Ora, se o saber jurídico não se sente capaz de compreender seu próprio objeto, então, neste caso, não passa de "(como a cabeça de madeira nas fábulas de Fedro) uma cabeça que pode ser formosa, mas que não tem sentido".[159] Por outro lado, se a filosofia do direito conceitua o que é direito sem ir até ele, então, neste caso, não passa de uma coruja que alça voos cada vez mais altos, mas que — ora! — poderá cair a qualquer momento, pois se firma sobre asas de barro.

A antinomia filosofia-ciência do direito parece ser evidente, e uma aproximação entre elas parece ficar cada vez mais difícil. Eis a consequência desse tipo de separação: não há um saber que explique o direito em suas múltiplas determinações. Nesta esfera, abre-se espaço para as teorizações positivas, as quais, em nome de um pretenso rigor, não se arriscam a considerar outros ângulos que não aqueles expressamente

---

[158] CERRONI. Conhecimento científico e direito. *In*: *Ciência do direito e sociologia jurídica*, p. 1-2.
[159] CERRONI. Conhecimento científico e direito. O autor cita KANT. *Scritti politici e di filosofia della storia e del diritto*, p. 311.

delineados pelo ordenamento jurídico. Ainda que, eventualmente, façam menção a valores — sempre estáticos e inquestionáveis, como ordem, segurança e paz — ou à história, em última análise, a norma reconhecida pelo Estado é a que determina o campo de estudo do jurista. Sobre isso, e para desnudar o normativismo das teorias jurídicas dominantes, três exemplos bastam: o normativismo lógico de Kelsen, o egologismo existencial de Cóssio e o tridimensionalismo de Reale, sobre os quais faremos breve digressão. Esta terá, apenas, o intuito de situá-los, em traços largos, como autores vinculados a certo pensamento jurídico dominante no mundo ocidental contemporâneo.

O formalismo jurídico kelseniano assume importância inusitada quando se atenta para o momento histórico em que se manifesta. De fato, a *Teoria pura do direito* pode representar o ponto culminante da preocupação positivista no sentido de constituir disciplina jurídica cientificamente depurada. Sabe-se que desde o início do processo de positivação do direito, com a ascensão burguesa ao poder, o direito mostrava a tendência de fixar-se na juridicidade imediatamente transparente: os editos estatais. Entretanto, até então, em razão da concepção monista de ciência (fundada numa epistemologia naturalista), o estudo do direito assumia, em busca de legitimidade metodológica, conceitos da biologia, psicologia, física. Kelsen representa um corte; seu positivismo será normativista. Nesse sentido, impõe uma metodologia rígida, a qual "constituirá a nova ciência do direito", após a eliminação dos elementos que lhe são "estranhos". Neste caso, postulando o princípio da pureza metódica, submeterá a temática do saber jurídico a uma dupla purificação.

"A *primeira* é uma purificação do aspecto fático acaso ligado ao direito, entregando este aspecto às ciências causativas como a sociologia e a psicologia. A *segunda* expunge do direito o aspecto ético valorativo do ideal de justiça habitualmente associado à idéia do direito. Este último, pelo seu caráter emocional e, pois, irracional e extracientífico, Kelsen o relega à política, à ética e à filosofia da justiça."[160]

O objeto do saber jurídico em Kelsen é, pois, o resíduo, o que resta da depuração metódica. O direito fica reduzido à norma, ou seja, ao *dever-ser*. Machado Neto lembra que se Kelsen submete o domínio da jurisprudência às reduções metódicas tirando daí o objeto de seu saber, em nenhum momento o autor demonstra a onticidade do jurídico. O que é compreensível à medida que não há nesse jusfilósofo uma

---

[160] MACHADO NETO. *Teoria da ciência jurídica*, p. 121.

ontologia, mas, antes, uma bem fundada epistemologia do direito. Mas epistemologia segundo uma ótica formal, tendo em vista que seu normativismo assume uma autossuficiência e uma autonomia jamais alcançadas pelo direito anteriormente.[161] Nesse sentido, o problema da própria legitimidade do direito passou a sofrer uma desimportância, pois, "a validade da norma, para o normativismo formalista, se resume à sua vigência".[162]

Não há aqui por que se perguntar pelo conteúdo da norma, ou pela relação desta com o momento socioeconômico. Estas questões já extrapolam o domínio do campo jurídico. Cumpre ao jurista a análise da conexão entre as normas do ordenamento jurídico, remetendo umas às outras, conforme o nível de crescimento hierárquico, onde as normas particulares são validadas em face de normas superiores, até o ponto último representado pela norma fundamental, esta configurando, apenas, uma hipótese lógica de caráter transcendental que valida todo o sistema normativo.[163]

A preocupação em conferir sistematicidade rigorosa segundo uma hierarquia entre as normas jurídicas estará presente também em Cóssio, o principal corifeu da Escola Egológica do direito. Neste caso, a ontologização do direito será construída com o auxílio da teoria dos objetos de Heidegger.[164]

Para o egologismo, o direito é um objeto cultural que tem existência (é real), que está na experiência, e que, ao contrário dos objetos naturais, é valioso positiva ou negativamente.[165] Cóssio formula entre os objetos culturais uma subdivisão: os objetos mundanais, que têm como substrato o mundo da natureza constituindo o campo da arte e da técnica (estátua de mármore por exemplo), diferindo dos objetos egológicos. Estes têm como elemento básico a própria vivência humana, traduzida na conduta. É o campo da moral e do direito.[166] O fundamento do direito, portanto, é "a conduta que serve de substrato aos valores jurídicos; não qualquer conduta, mas a conduta bilateral, aquela em que o fazer interfere com o proibir por parte de outrem; a conduta dita social ou em interferência intersubjetiva".[167]

---

[161] CLÈVE. *O direito em relação*, p. 21.
[162] MARQUES NETO. *A ciência do direito*: conceito, objeto e método, p. 128.
[163] Sobre isso, KELSEN. *Teoria pura do direito*, p. 267-375.
[164] COELHO. *Teoria da ciência do direito*, p. 65.
[165] COELHO. *Teoria da ciência do direito*, p. 65.
[166] COELHO. *Teoria da ciência do direito*, p. 65.
[167] COELHO. *Teoria da ciência do direito*, p. 65.

Nota-se em Cóssio um aparente distanciamento do formalismo normativista. Entretanto, por mais que tenha fundamentado o direito na conduta humana intersubjetiva,[168] ainda assim sua escola não se liberta do positivismo, embora ultrapasse o formalismo lógico-normativista kelseniano. Já que o direito é conduta humana, a norma jurídica será o meio pelo qual se conhece o direito. Esta será estudada tanto em sua estrutura formal (o que acontecia em Kelsen) como em relação à conduta, determinando seu conteúdo. Neste caso, a problemática do valor sofre importância, pois a conduta somente pode ser interpretada conceptualmente mediante uma norma relacionada com um valor bilateral. Já se esboça aqui um tridimensionalismo, o qual, afirmando o caráter fático-axiológico-normativo do direito, não extrai as consequências que somente aparecerão com Reale.

Com Miguel Reale há o aparecimento de uma filosofia que encara o direito segundo a perspectiva oferecida por certa dimensionalidade triádica. Nesse sentido, a norma não mais assume os contornos de um juízo lógico, como em Kelsen, ou de uma medida, uma condição para a medida do plano ético da conduta, como em Cóssio. Em Reale, o saber jurídico continuará sendo um saber normativo, ligado à normatividade do direito positivo. Entretanto, diferente do que acontece em Kelsen, para quem o direito apenas estudava as normas (cabendo à sociologia os fatos, e à filosofia os valores), a dialética realeana (a qual ele chama de dialética de implicação-polaridade) não separa a realidade do direito em domínios estanques.

Assim, o direito é entendido segundo um amálgama onde, em unidade dinâmica, os aspectos fáticos, axiológicos e normativos fundem-se e se complementam. Eis por que o saber jurídico não deve apenas estudar a norma, mas a norma em conexão com os momentos fáticos e axiológicos. Pela sua peculiaridade, caberá à jurisprudência estudar o direito tridimensional, todavia, direcionando suas investigações, "tendo em vista prevalentemente o momento normativo".[169] Para tanto, deve-se levar em conta que "a elaboração de uma determinada e particular norma de direito não é mera expressão do arbítrio do poder, nem resulta objetiva e automaticamente da tensão fático-axiológica operante em dada conjuntura social: é antes um dos momentos culminantes da experiência jurídica, em cujo processo se insere positivamente o poder (quer o poder individualizado em um órgão de estado, quer o poder

---

[168] MARQUES NETO. *A ciência do direito*: conceito, objeto e método, p. 132.
[169] REALE. *Teoria tridimensional do direito*, p. 61.

anônimo difuso no corpo social, como ocorre na hipótese das normas consuetudinárias) mas sendo sempre o poder condicionado por um complexo de fatos e valores, em função dos quais é feita a opção por uma das soluções regulativas possíveis, armando-se de garantia específica (institucionalização ou jurisfação do poder na monogênese jurídica)".[170]

O tridimensionalismo realeano ultrapassa o formalismo positivista, incorporando, à esfera do saber jurídico, elementos dispensados pela depuração de Kelsen.

Os três exemplos referidos — Kelsen, Cóssio e Reale — sintetizam uma tendência generalizada: os juristas têm acompanhado, nos dois últimos séculos, o desenrolar do processo de autonomização do direito. Não apontam, muitas vezes, a relatividade dessa autonomia (que é real), esquecendo que o direito, em parte identificado com o Estado que o sanciona, é político também.

O direito contemporâneo é uma ordem construída segundo critérios que o conformam o sistema, autonomizado relativamente, altamente complexo de normas sancionadas por autoridade competente. Ora, não se está frente apenas ao direito, mas também ao Estado moderno capitalista (autonomizado e impessoal). Note-se que o discurso dominante do direito segue as mesmas coordenadas do discurso do Estado. Por isso, a linguagem jurídica é uma "linguagem competente".[171] Sob toda a aparente divergência das teorias jurídicas tradicionais, oculta-se um saber que fala a partir de lugar próprio, dizendo certas coisas para assegurar outras. É a fala de ordem, da segurança, da lei; a razão "científica" que diz a lei para o caso concreto, reproduzindo um *logos* que é o lógos da racionalidade dominante.

A prática jurisdicional fundamenta-se nessa espécie de razão para a qual o pensamento jurídico é apenas aquele que instrumentaliza a lei. É possível neste caso falar em imaginário jurídico. Referimo-nos àquele imaginário que é condição necessária de todo positivismo.

3.2 O imaginário jurídico

No decorrer deste texto, fez-se referência algumas vezes à ideologia, confrontando a ideia de ciência com aquela que designa o modo de conhecer imediato e prático da ação: o senso comum. Cumpre lembrar

---

[170] REALE. *Teoria tridimensional do direito*, p. 61.
[171] CHAUÍ. *Cultura e democracia*: o discurso competente e outras falas, p. 3. Também CHAUÍ. Marilena de Souza. Competência?. *Leia Livros*, p. 3.

que a ciência bachelardiana pretende operar uma ruptura, um corte que a distancie do conhecimento vulgar. Althusser, no intuito de refazer a filosofia marxista, seguiu a mesma vereda. Kelsen, por sua vez, quis constituir uma ciência purificada. Por outro lado, os novos jusfilósofos brasileiros, de algum modo, fazem o mesmo quando denunciam como ideológicas as construções teórico-jurídicas dominantes. Estes discursos sugerem uma conceptualização de ideologia, vinculando-a a certa imagem. A imagem do erro contraposta à da verdade; do *subjectious* viciado ao *objectious* rigoroso; do falso ao correto; da mentira à prova.

Eis a ideologia reduzida a espelho refletor da coloração enganosa do mundo; exprimindo um discurso lógico, lacunar e coerente, síntese da deturpação das virtualidades. Não será dessa ideologia que falaremos, nem daquela que apareceu com Destutt de Tracy, em 1801, na obra *Elements d'idéologie*, preocupada com a gênese das ideias.[172] Falar-se-á de uma ideologia identificada com o real imaginário.[173] Só então o positivismo contemporâneo poderá ser compreendido como imaginário jurídico; não algo que é falso, mas que é verdadeiro; não uma fantasia, mas algo que é real; e não uma visão deturpada do direito, mas algo que, concretamente, em face de relações reais que se estabelecem no seio do social, fornece condições para que o erro seja possível.

Em algum momento, chegamos a pensar o imaginário como uma representação mediatizada do real; produto da visão de mundo particular das classes dominantes em tensão permanente com a visão de mundo das classes dominadas.[174] Mas com isto estar-se-ia admitindo a existência de uma pluralidade de imaginários, contrapondo fatalmente, em razão de uma opção ético-valorativa, um discurso imaginário falso e outro verdadeiro. Com efeito, os discursos que fluem historicamente, no tempo e no espaço, não são os vários imaginários possíveis onde uns seriam falsos, outros lacunosos, além dos demais muito próximos da verdade. Antes, são peculiares manifestações de um imaginário, que aparecem em função das condições que este possibilita. Ora, não serão "os imaginários" que determinarão suas próprias formas e conteúdos. Ao contrário, será o *imaginário* que determinará, por meio de múltiplas mediações, a emergência daqueles.

Neste caso é possível dizer: cada imaginário em dado espaço e em dado tempo! Ele jamais estará defasado de sua espaço-temporalidade:

---

[172] CHAUÍ. *O que é ideologia*, p. 23.
[173] De qualquer modo utilizaremos ambas as expressões.
[174] Cf. nosso opúsculo *O direito em relação*, Ensaio I.

não está na história, é história. Mas seja visto: é história, entretanto — ah! — não tem história. De fato ele é real, e o real é movimento; processo em devenir. Este não está no tempo, já que é o próprio tempo. Mas se o imaginário, sendo real, é o tempo, é a história, por que ele não tem história? Ou seja, porque ele não possui uma história sua? O que define a história é a busca, pelo homem, da produção e reprodução de suas condições de existência. Nesse sentido, as relações de produção e as relações sociais definirão as próprias condições de sua reprodução. Embora o imaginário assuma certa autonomia em face da esfera produtiva, ainda assim existe em função daquela. Eis por que não tem uma história (sua), embora seja história; sua historicidade ultrapassa suas fronteiras.

3.2.1 A ideologia em Althusser

Se num primeiro momento Althusser define a ideologia como "um sistema socialmente necessário de representações, cuja estrutura permanece inconsciente a seus protagonistas, e que exprime sob a forma do imaginário, a relação vivida entre os homens e o mundo",[175] mais tarde, alterará o rumo de suas considerações. Entretanto, aqui fica evidenciado que o homem vive suas relações de existência não do modo como elas se fazem, mas do modo como elas se apresentam, ou seja, de modo imaginário. Os objetos culturais aparecerão como se fossem naturais e inquestionáveis; a consciência dos homens é a própria inconsciência de sua história.

Interessante nessa concepção, como lembra Rouanet, é o fato de ela, embora carregando muitos traços da reflexão de Marx e Engels (em *A ideologia alemã*), manter uma peculiaridade: se o imaginário é um sistema socialmente necessário, então não existirá (como em Marx) apenas numa sociedade de classes, apresentando-se onde houver homens. Se o imaginário é uma exigência intrínseca às sociedades, ele, onde há divisão de classes, é por ela sobredeterminada. Este é o ponto nodal do pensamento althusseriano numa primeira fase. Num segundo momento, Althusser pensará a questão da dominação, a partir dos aparelhos ideológicos de Estado,[176] determinando nova visualização do universo ideológico. Aqui a ideologia continuará a ser pensada como "representação das relações imaginárias dos homens com suas condições

---
[175] ROUANET. *Imaginário e dominação*, p. 12.
[176] ALTHUSSER. Aparelhos ideológicos de Estado. In: *Posições-2*, p. 47.

reais de existência".[177] Entretanto, alia-se a isso a percepção de que a representação dos indivíduos sob a forma imaginária só tem razão de ser para assegurar o domínio de uns homens sobre os outros. Sua necessidade está em assegurar a reprodução das relações de produção. Eis por que, agora, a ideologia somente existirá numa sociedade de classes. Althusser reaproxima-se, pois, de Marx.

Embora operando mudanças relativamente radicais em suas posições Althusser mantém o entendimento de que o imaginário é o *outro* da filosofia.[178] Isto é, a ideologia é a "deturpação" do real, uma cortina a separar o real pelo efeito da inculcação. A filosofia althusseriana, então, será a crítica da ideologia burguesa, e a ciência marxista assume o caráter de produto do corte que a promove, separando-a da problemática imaginária.

Não é possível aceitar a tese althusseriana. Afinal, o positivismo jurídico, parcela real do imaginário, não é apenas deturpação ideológica promovida consciente ou inconscientemente pelos juristas. O normativismo, como será analisado adiante, não é um erro, ou uma cortina situada entre a realidade do direito e o mundo como este é "encenado". Ao contrário, o positivismo é o modo como o ser jurídico aparece (o modo de aparecer é parte integrante do próprio ser). Ser e aparecer jurídicos formam uma unidade dialética indissociável a qual não pode ser negada em nome de um hipotético *eidos*, de uma verdadeira "essência" do direito oculta sob o manto das formulações ideológico-positivistas.[179]

3.2.2 A ideologia em Lukács

Se a concepção althusseriana de ideologia é refutada, o mesmo deve ser feito em relação às colocações de Lukács, desenvolvidas principalmente em *História e consciência de classe*. Com efeito, para entender-se o pensamento do filósofo húngaro é conveniente não se esquecer que ele se situa em um todo teórico coerente,[180] onde alguns conceitos são

---

[177] ROUANET. *Imaginário e dominação*, p. 31.
[178] ROUANET. *Imaginário e dominação*, p. 31.
[179] Em busca de uma antologia do direito que descortina a "essência verdadeira" do direito, Lyra Filho caracteriza o positivismo como ideologia, entendendo-o como "mero modo deturpado" de conhecer o direito real.
[180] Este todo teórico coerente refere-se a certa fase teórica do filósofo, já vinculada, radicalmente, ao marxismo. A trajetória intelectual de Lukács inicia-se como um anticapitalismo vivido sob a forma de visão trágica do mundo. Cf. LÖWY. *Para uma sociologia dos intelectuais revolucionários*: a evolução política de Lukács (1909-1929). V. também KONDER. *Lukács*.

básicos e fundantes. É o caso da afirmação de uma classe-sujeito na história, portadora da verdade; do proletariado como classe que aspira e tem a missão de chegar à verdade; e do marxismo como crítica da "falsidade" ideológica e como práxis histórica. Neste caso, o imaginário deve ser entendido como "falsa consciência": o homem tem construído seu mundo e sua história, mas inconscientemente.

Para o pensador, a história não deve ser compreendida conforme se apresente à consciência dos homens, porque não serão os propósitos destes que a farão. Afinal, as "forças reais da história são independentes da consciência (psicológica) que os homens têm dela".[181] Esta é uma falsa consciência, que necessita ser estudada para sofrer a superação da verdadeira, que outra não é senão a consciência de classe, entendida como o conhecimento mais racional e apropriado que está aberto a uma classe particular, ou seja, sob o capitalismo, à classe proletária.[182]

Nestes termos, a ideologia dominante é a ideologia da classe dominante, identificando-se com a essência ideológica da classe-sujeito dominante. Seria, portanto, o reflexo das condições de vida e das concepções de mundo da dita classe,[183] emanação da reificação (coisificação) dos bens de consumo na sociedade capitalista. A "verdade", portanto, somente será restabelecida com a verdadeira *consciência* da classe-sujeito proletária, a qual, libertando-se da "falsa consciência" reificada, superará a representação ideológica.

Não se pode entender o imaginário apenas como consciência falsa. O direito, por exemplo, não é algo que repousa, serenamente, sobre o domínio imaterial do "espírito" jurídico. Ao contrário, consubstancia-se em práticas, em ações, numa história concreta que só pode ser entendida se relacionada à práxis jurídica centrada nas instituições judiciárias.

3.2.3 A ideologia em Gramsci

Em Gramsci a ideologia não é julgada em função de sua verdade ou falsidade, como em Althusser, mas considerando sua eficácia histórica como aglutinadora das classes e frações em relações de domínio e subordinação. Portanto, a ideologia não será apenas o reflexo

---

[181] McDONOUGH. A ideologia como falsa consciência: Lukács. *In*: CENTRE FOR CONTEMPORARY CULTURAL STUDIES (Org.). *Da ideologia*, p. 49.
[182] McDONOUGH. A ideologia como falsa consciência: Lukács. *In*: CENTRE FOR CONTEMPORARY CULTURAL STUDIES (Org.). *Da ideologia*, p. 49.
[183] McDONOUGH. A ideologia como falsa consciência: Lukács. *In*: CENTRE FOR CONTEMPORARY CULTURAL STUDIES (Org.). *Da ideologia*, p. 54.

da base econômica, pois opera como força material no sentido da mutação histórica. É assim, também, resultado das relações de forças no interior do bloco dominante.

Para Gramsci "a dominação e a subordinação ideológicas não são compreendidas isoladamente, mas sempre como um aspecto, embora crucialmente importante, das relações de classes e das frações delas em todos os níveis: econômico e político, bem como ideológico-cultural".[184] Isso possibilita ao autor caracterizar o imaginário como "relação vivida".[185] Eis por que não pode ser falsa, no sentido racionalista: É uma verdade histórica: "(...) confunde-se com a própria realidade";[186] tem existência, e atua na história, podendo ser captada como uma relação de dominação e subordinação ideológicas. Confunde-se, pois, com o real. Segundo Rouanet, a ideologia "não é a treva da ignorância, mas a luz insolente de um poder que proclama, meridianamente, sua própria perenidade".[187]

3.2.4 A ideologia em Poulantzas

Em *Poder político e classes sociais*, Poulantzas reconhece que a concepção gramsciniana de ideologia carrega muitos aspectos positivos, como a metáfora do "cimento" e a negação de sua significação enquanto mero sistema conceitual. Com isso, faz justiça a Gramsci, sendo certo que suas teorizações aproveitarão muitos conceitos do intelectual italiano.[188]

Todavia, Poulantzas rejeita as concepções historicistas baseadas no pensamento do jovem Marx, as quais, acentuando a relação sujeito-real-alienação, acabam buscando o substrato da ideologia na consciência dos sujeitos.[189] Abandona, portanto, a ligação da ideologia dominante com uma classe-sujeito: "A ideologia dominante não reflete simplesmente as condições de existência da classe dominante, o sujeito 'puro e simples', mas antes a relação política concreta entre as classes

---

[184] HALL; LUMLEY; McLENNAN. Política e ideologia: Gramsci. *In*: CENTRE FOR CONTEMPORARY CULTURAL STUDIES (Org.). *Da ideologia*, p. 64.
[185] HALL; LUMLEY; McLENNAN. Política e ideologia: Gramsci. *In*: CENTRE FOR CONTEMPORARY CULTURAL STUDIES (Org.). *Da ideologia*, p. 65.
[186] ROUANET. *Imaginário e dominação*, p. 104.
[187] ROUANET. *Imaginário e dominação*, p. 108.
[188] Relativamente, o mesmo se pode afirmar de Althusser com a sua teoria dos AIE.
[189] CLARKE; CONNEL; McDONOUGH. Identificação errônea de ideologia: a ideologia no poder político e classes sociais. *In*: CENTRE FOR CONTEMPORARY CULTURAL STUDIES (Org.). *Da ideologia*, p. 140-141.

dominantes e dominadas numa formação social".[190] Abre-se caminho para a percepção do imaginário não como imagem refletida de "algo real", mas como unidade complexa produzida sob condições históricas precisas e moldada em face das relações de produção e poder.

3.2.5 A visão de Marilena Chauí

Marilena Chauí procura demonstrar que "a ideologia resulta da prática social, nasce da atividade social dos homens no momento em que eles representam para si mesmos essa atividade (...). O que ocorre (...) é o seguinte processo: as diferentes classes sociais representam para si mesmas o seu modo de existência tal como é vivido diretamente por elas, de sorte que as representações ou idéias (todas elas invertidas) diferem segundo as classes e segundo as experiências que cada uma delas tem de sua existência nas relações de produção. No entanto, as idéias dominantes em uma sociedade numa época determinada não são *todas* as idéias existentes nesta sociedade, mas serão *apenas* as idéias da classe dominante dessa sociedade nessa época".[191]

Chauí desenvolveu muito bem a problemática do ideológico fixando a sua característica fundamental de inversão do real. Esta se dá porque o imaginário, compreendido como corpo de representações das relações sociais e de produção, ao reconstituí-las, ao nível do imaginário, oculta os fracionamentos reais e a divisão social do trabalho e a diversidade de interesses e classes existentes no corpo societário. Nesse sentido, o que aparece é o dado imediato, abstrato e imaginário, o qual inverte o *concreto*, apresentando-se como se fora este. Eis o mecanismo: o ser aparece de modo invertido, porque o imaginário faz com que o ser seja conhecido, apenas, sob a forma do aparecer. É possível compreender, então, o positivismo jurídico. É a face abstrata e imediata do jurídico contemporâneo, a face real e cotidiana segundo a qual o direito aparece determinando-invertendo as relações concretas entre os homens. Mas note-se, o direito enquanto imaginário não oculta-inverte um "verdadeiro" direito. O modo de aparecer do direito é o seu próprio ser atual. O que o direito oculta-inverte é o fracionamento social "que sob

---

[190] POULANTZAS. *Poder político e classes sociais*, p. 203. V. também CLARKE; CONNEL; McDONOUGH. Identificação errônea de ideologia: a ideologia no poder político e classes sociais. *In*: CENTRE FOR CONTEMPORARY CULTURAL STUDIES (Org.). *Da ideologia*, p. 141.

[191] CHAUÍ. *O que é ideologia*, p. 92.

o jurídico aparece como uma unidade (a unidade da nação soberana)" e as relações de poder que atravessam o corpo da sociedade, "as quais aparecem não como relações (entre classes antagônicas) de dominação-subordinação, mas como relações entre indivíduos-cidadãos-sujeitos iguais e livres".

A afirmação de Chauí, seguindo Marx, de que as ideias da classe dominante são, em cada época, as ideias dominantes (ou seja, a ideologia dominante é a ideologia da classe dominante) deve ser confrontada com a caracterização do imaginário como relação de poder. Porque se o imaginário é o conjunto de representações autonomizadas, ideias e práticas "naturais", em dada época e em tal sociedade, discurso designador de "lugares", situações, símbolos e falas para os indivíduos (conforme uma disposição presente desde a família até a fábrica e a escola), ele o é, não apenas porque, como "ideia universalizada", orienta o agir das pessoas, mas igualmente porque, nas relações práticas do dia a dia os homens percebem-se como pertencentes a tal ou qual lugar, devendo formular este ou aquele discurso e agir desta ou daquela forma.

O imaginário assume uma forma autonomizada em face das relações de produção. No entanto, as lutas entre as classes também o atravessam, e se as ideias da classe dominante são as ideias dominantes em cada época, é porque a relação de poder entre as classes, dinâmica mas assimétrica, tem contribuído para a manutenção dos interesses dessa classe (dos quais as ideias são apenas uma face). Sendo assim, para a defesa dos seus interesses, conforme se estabeleçam as lutas políticas no seio da sociedade, é possível afirmar a mutação das ideias dominantes. Neste sentido, as ideias dominantes são as da classe dominante (concordando-se com Chauí). Entretanto, isto não quer significar que sejam exteriores às classes populares. O imaginário é condensação de uma relação, ao nível do imaginário, e sua mutação identifica-se com a alteração do grau de assimetria dessa relação de poder que atravessa o corpo social.

A compreensão do reino do imaginário favorece a compreensão do universo jurídico na sociedade contemporânea, do modo como ele aparece, ou seja, do modo como ele vive e se reproduz, possibilitando a interpretação do positivismo jurídico segundo uma visão que o caracterize em duplo sentido: primeiro como prática cotidiana favorecedora de um olhar perceptivo que identifica o direito à lei; segundo, como modo de saber e de conhecer o jurídico. Em qualquer caso o direito é apenas o que se vê e o que se vive, reproduzindo-se a partir da inserção do homem no universo do real-imaginário e no universo do direito positivo, entendido este como parte daquele *cosmos*. O positivismo não pode ser tomado como mero resultado de uma produção intelectual reducionista e obliterada por "deturpações ideológicas". Não é apenas saber, e neste sentido, falso saber. Ao contrário é a face funcional de uma rede de poderes reais que promove o formalismo jurídico como a realidade do direito contemporâneo.

CAPÍTULO 4

O POSITIVISMO COMO IMAGINÁRIO

Estudar o positivismo como imaginário — quando o direito se identifica com um "conjunto de normas impostas a uma sociedade onde o monopólio da coerção organizada é justo, independente da análise de seu conteúdo, porque permite a realização de certos fins tidos como desejáveis: por exemplo, a ordem"[192] —, eis o objetivo. Todavia não deve ser confundido o positivismo com a dogmática. Esta é apenas uma das faces daquele. E, se é um dos lugares privilegiados de reprodução do positivismo, não bastará, como propugnam alguns autores, acabar com a dogmática para fugir do positivismo. Há uma certa confusão entre a dogmática e o positivismo; entre ela e o dogmatismo. Ora, se é possível captar o dogmatismo como "cegueira", ou "miopia" teóricas, o mesmo não ocorrerá com a dogmática. Esta é a face palpável do positivismo, não se confundindo com as "trevas"; antes, como imaginário, é a forma que permite a continuidade de certa relação de poder.

Serão utilizados três significantes que podem suscitar alguma dúvida. Fala-se em positivismo, positivação e positividade. Esta última expressão serviu para designar a era contemporânea da qual emergiu nova "episteme" contraposta à anterior, característica da idade da representação.

Por positivismo, faz-se alusão à filosofia de Saint-Simon e Comte, baseada no método único (naturalista) da ciência, que se propõe conhecer o mundo mediante a mera apreensão dos sentidos. Já,

---

[192] ARRUDA JR.; CLÈVE. O discurso do direito-ciência: sofisticação do discurso ideológico. In: CLÈVE. O direito em relação, p. 32.

por positivação deve-se captar uma certa via ou caminho, o caminho da positivação, em direção à positividade. Quer-se, portanto, fazer referência à transição de "estado" ou de qualidade de algo (de um objeto dado de conhecimento) que se modifica em sua substância. É o caso do direito, ou dos paradigmas de ciência, que, ao passarem pelo processo de positivação, sofreram deslocamentos de estados anteriores para os atuais. Neste caso, quanto ao direito, já foi dito, será chamado de positivismo o modo de viver o direito e de concebê-lo (estudá-lo) identificando-o, apenas, com o direito positivo, ou seja, com o direito sancionado-positivado pelo Estado.

E, se não é possível confundir a positivação pela qual passa a ciência e a positivação pela qual passou o direito enquanto fenômeno jurídico, não é possível estudá-los separadamente. As duas positividades, além de coincidentes historicamente, respondem à emergência de outra racionalidade: a racionalidade fundada sobre a objetividade, impessoalidade, abstração e neutralidade, características tanto da ciência moderna, quanto do direito contemporâneo.

Tratado o imaginário como corpo sistemático, lógico e coerente de representações da experiência imediata, então estariam criadas as bases para a compreensão do direito enquanto universo de positividade. Ou seja, como discurso abstrato, universal, uno e uniforme que prescreve deveres, estabelece obrigações, confirma valores, obriga ou faculta, proíbe, cria sujeitos, disciplina relações e atividades, atomiza os conflitos, de tal maneira que sua coerência interna favoreça uma explicação da sociedade apta a ocultar os seus fracionamentos reais e os seus conflitos, não apenas individuais (entre sujeitos dados de direito), mas de classe.

Rafael Bielsa separa o positivismo jurídico do positivismo sociológico do direito. Se o primeiro é um positivismo essencialmente do direito legislado e positivado por autoridade competente, o segundo seria o positivismo dos fatos, dos dados jurídicos desenvolvidos em sociedade. Essa diferenciação não é fundamental. Porque os dois positivismos (enquanto dupla emanação de um mesmo imaginário) são prisioneiros de um saber que se dirige a "fundar a ciência na realidade e na experiência, isenta (...) de todo elemento teológico, histórico e metafísico",[193] assemelham-se pelo fato de estudarem, apenas, o universo do direito positivo (a lei para os primeiros; o dado para os segundos) de tal maneira que considerações sobre os fundamentos de justiça ou de produção política desse direito deixam de ser mencionadas.

---

[193] BIELSA. *Metodologia jurídica*, p. 207.

O positivismo jurídico resulta da confluência de duas variáveis interligadas: (i) a busca da verdade pelo saber, garantindo certo controle de seus enunciados; (ii) e a necessidade de segurança e previsibilidade jurídicas do Estado moderno monopolizador do exercício legítimo da violência. Estas duas dimensões sintetizadas no binômio lei-ordem produzem um novo direito. Este será o direito moderno tão ligado quanto incompreensível sem a remissão ao Estado, quando a dominação fugindo da relação pessoal-territorial assume outra especificidade, inaugurando renovado modo de domínio: o consubstanciado na abstração impessoalizada não do monarca (enquanto pessoa física detentora do poder soberano) mas da autoridade constituída.

Segundo esse imaginário, "o direito é o sancionado pela autoridade politicamente constituída, ou seja, um conjunto de normas ou regras jurídicas com força de lei (...) emanadas do estado".[194] O que transparece nessa colocação? Enquanto ser-aparecer do direito moderno, o positivismo exclui o estudo do direito histórico, da ética, fixando-se, apenas, no direito autorizado. Neste caso, as expressões normativas valem formalmente, pouco importando os conteúdos expressos, podendo contrariar valores históricos consagrados pela humanidade (exemplo disso é o direito do fascismo e de ditaduras militares). O saber jurídico (e o direito) manifesta-se como naturalizado e a-histórico: o direito é a lei. Conhecê-lo significa conhecer a lei. Dizê-lo significa interpretar a lei.

Ora, a lei é dependente de um lugar maior; o lugar da autoridade competente para promulgá-la. Esta, optando entre várias possibilidades normativas, autorizará uma, facultando, proibindo ou incentivando comportamentos. O discurso dessa autoridade impessoalizada, ou seja, do órgão legiferante do Estado, será um "discurso competente", sinônimo da "linguagem institucionalmente permitida ou autorizada".[195] É a linguagem anônima do lugar hierarquicamente estabelecido e, aparentemente, neutro; criador de sujeitos de direito, transformando os homens (enquanto portadores da história) em objetos sociais.

A lei, enquanto manifestação do discurso competente "exige a interiorização de suas regras, pois aquele que não as interioriza corre o risco de ver-se a si mesmo como incompetente, a-social, como detrito e lixo".[196]

---

[194] BIELSA. *Metodologia jurídica*, p. 207.
[195] CHAUÍ. *Cultura e democracia*: o discurso competente e outras falas, p. 7.
[196] CHAUÍ. *Cultura e democracia*: o discurso competente e outras falas, p. 13.

Eis o reino do direito, o reino da vontade reificada da lei; o universo da dominação impessoal, neutra e legal. O império do direito positivo, onde aparecerá a noção de ordem, como o conjunto das emanações normativas. Ela será una (isto é, somente se admitirá uma ordem nacional), será uniforme (será igual em todo o espaço territorial do Estado) e universal (decorrência dos princípios de igualdade e liberdade formais). Esta ordem incorpora um princípio de certeza — segurança jurídica, o qual se completa a partir do controle — legalização do câmbio do direito. Ou seja, o direito positivo é aquele que controla a sua própria gênese-mudança.[197]

A lei é a fonte primeira do direito; fonte organizada conforme uma ordem hierárquica. Isto é, existe uma hierarquia entre as normas de acordo com a importância a elas atribuída. Da hierarquização da ordem decorre o conceito de ordenamento jurídico. Neste, as normas não se encontram soltas, mas "mutuamente entrelaçadas".[198] A forma de validade de uma norma julga-se em face de sua fundamentação em outra superior, até o ápice, ou seja, a Constituição; esta é a lei maior, de tal modo que todas as normas ocupam certa posição conforme o degrau hierárquico em que residem.

Característica marcante do positivismo é a *competência*: saber competente situado no domínio de um direito competente. Expressão que pode ser sintetizada pelo seguinte período: só a lei diz o direito. E este, então, é o conjunto (ordem-ordenamento) de normas obrigatórias emanadas do Estado e ordenadas segundo um critério formal. O saber jurídico deve conhecer esse ordenamento, organizando-o e "aperfeiçoando-o", mas, em todo caso, silenciando (não questionando) sobre sua produção, e não explicando sua gênese histórica. Eis por que o saber jurídico não compreende seu objeto, mas, apenas, conhece as normas jurídicas.[199]

---

[197] FERRAZ JR. *Função social da dogmática jurídica*.
[198] MACHADO NETO. *Compêndio de introdução ao estudo do direito*, p. 147.
[199] Adolfo Merkel, Kelsen e Cóssio levaram ao extremo a consideração do direito segundo esse paradigma, criando a teoria da estrutura piramidal do ordenamento jurídico. Aqui, os enunciados jurídicos extravasam o sentido da lei manifestando-se nas normas jurídicas, expressão esta que tenta acompanhar a juridicidade desde as normas mais genéricas até as mais individualizadas, como o contrato ou a sentença judicial. A relação de conexão entre as normas é de derivação e fundamentação, sendo que a inferior sempre se validará fundamentando-se em outra superior; por sua vez, daquela imediatamente inferior podem derivar outras normas, de tal maneira que as mais individualizadas seriam pura fundamentação, não podendo derivar delas quaisquer outras expressões normativas. O critério de validade, portanto, é eminentemente formal: lógico em Kelsen e ontológico em Cóssio. Isto denuncia o formalismo do direito dominante contemporâneo. Sobre isso, v. MACHADO NETO. *Compêndio de introdução ao estudo do direito*, p. 147.

A vinculação direito-lei promove um tipo jurídico onde a aparência determina o ser. O direito é o que sob dada forma emana de lugar legítimo que representa o exercício do monopólio da juridicidade. É a emanação do poder soberano. No entanto, se o Estado conforma o direito por meio da lei, ele necessita, igualmente, de um órgão constituído para dizer o direito: *juris dicere*. A atividade deste órgão será uma atividade jurisdicional. Para entender-se o direito positivo e o positivismo, deve-se lançar mão de dois conceitos-chaves: soberania e jurisdição. Talvez seja possível elucidar um pouco mais esse imaginário esboçando um rápido panorama da gênese do positivismo nas sociedades modernas.

4.1 O elogio da lei

Quando Goethe criou o personagem Olearius, um legista do século XVI,[200] talvez não tivesse o propósito de caracterizar um modo de conhecer que dominaria, anos mais tarde, o saber jurídico. Na verdade, a lei referida pelo personagem não queria designar o que hoje se exprime, pelo mesmo significante. Era a lei imutável, conforme a natureza, e Goethe aí, certamente, se colocava entre aqueles que, como Montesquieu, acreditavam na descoberta de leis conforme a própria natureza das coisas. Entretanto, se as leis de hoje, e as do personagem Olearius não são as mesmas, pelo menos na peça literária que o criou desnudou-se um tipo de relação entre a concepção do direito e o homem como jurista que acabaria por concretizar-se, mais tarde, ao cabo de longo processo.

Este processo é a matriz de um direito formalizado e abstrato que "de fora" da sociedade a comanda através de uma totalidade normativa (geral e harmônica), coincidindo seu espaço de incidência com o espaço geográfico do Estado que o sanciona. É o direito previsível garantido por meio de um órgão judicial encarregado de aplicar a lei aos casos concretos. Esta, a atividade jurisdicional, sofre uma neutralização política, de modo a facilitar o desenvolvimento da autonomização do universo jurídico, o qual, invertendo e dissimulando sua pertinência política, mostra-se imparcial.

Que o direito dominante assumiu, na história, as mais diversas formas é uma evidência incontestável. Basta ver as colocações de Foucault acerca do direito grego, reconstituída após a leitura dos trabalhos

---

[200] No drama *Götz von Berlichingen*. Cf. SALDANHA. *Legalismo e ciência do direito*, p. 49.

teatrais de Sófocles, notadamente da tragédia *Édipo Rei*.[201] Se existiam normas jurídicas nesse tempo — e elas de fato existiam ainda que misturadas a outras normas como as éticas, morais e religiosas — não havia ainda um procedimento jurídico racional para o estabelecimento da "verdade jurídica". Esta, formalizada em decisões jurídicas, somente aparecerá no período clássico da cultura greco-romana, sendo retomada mais tarde, juntamente com o direito romano, a partir do renascimento. Mas naquele tempo, como avisa Foucault, não era a paz que se relacionava com o direito; seus procedimentos, rituais e jogos assemelhavam-se à guerra. Assim também com o direito dos bárbaros germânicos.

A concepção do direito ligada à ordem, à paz, é uma noção mais recente, embora boa parte dos rituais da justiça ainda incorporem elementos que lembrem o exercício da guerra. Hoje, ainda se fala em contenda, litígio,[202] mas sobre estes sempre repousará a *sentença*, como o instrumento máximo de uma ordem jurídica para assegurar a lei e repor a "normalidade". O juiz, neste caso, é a corporificação, a materialidade que objetivará e concretizará, em cada caso, o disposto na abstração das normas codificadoras do monopólio da violência legítima do Estado. É o horizonte físico que ratifica toda uma percepção empírica do direito.

O positivismo pode ser apreendido como resultante de um processo que pode ser analiticamente decomposto em três momentos distintos: (i) *o momento da recepção do direito romano*; (ii) *o momento da soberania nacional*; e (iii) *o momento da jurisdição e ciência*.

É evidente que as culturas antigas conheceram leis: é o caso da Lei das XII Tábuas, a Lei de Sólon, o Código de Hamurábi e o Código Visigótico, por exemplo. Entretanto, o culto da lei, que aí ocorria, dava-se concretamente em face de tal ou qual lei, desta ou daquela, por alguma razão, como pelo fato de realçar atitudes exemplares para a comunidade, ou em razão de estima, entre outras considerações.[203] O direito escrito não é apenas o direito burguês. Inclusive, antes do surgimento deste, os costumes, por vezes, eram submetidos à escritura. Existem muitos documentos nessa linha e mesmo as ordenações do reino (de Portugal), as quais por muito tempo vigoravam no Brasil, encontram suas raízes nos costumes reinóis.[204]

---

[201] FOUCAULT. A verdade e as formas jurídicas. *Cadernos PUC/RJ*.
[202] José Augusto Guilhon Albuquerque mostra que "o vocabulário da luta ideológica é muitas vezes carregado de analogias guerreiras" (*Metáforas do poder*. – v. "Prática política e metáforas militares", p. 11, além de outros textos).
[203] SALDANHA. *Legalismo e ciência do direito*.
[204] A respeito, v. THOMPSON. *Esforço histórico do direito criminal luso-brasileiro*, p. 77-115.

Todavia, o culto à lei na idade contemporânea é um culto abstrato, "à lei como tal, à legislação como expressora do direito".[205] A lei, neste caso, tem um sentido formal que encontra sua razão de ser no imaginário que a envolve. O fundamento mais remoto desse imaginário encontra-se na recepção do direito romano, pelo príncipe, na renascença. Essa recepção corresponde à segunda expansão do direito romano. A primeira decorreu do militarismo do império romano. A última ocorreu muitos séculos após o desaparecimento de Roma. Esse direito foi redescoberto e "estudado pelos glosadores e pós-glosadores, a partir do século XI; utilizado inicialmente como fonte subsidiária, assumiu pouco a pouco o significado de tábua de salvação para os juízes que freqüentemente viam-se perdidos no emaranhado dos costumes locais".[206]

Duas razões contribuíram para a recepção. Em primeiro lugar, porque fundado na *auctoritas*,[207] o direito romano fixa uma hierarquia entre normas baseadas na autoridade e outras baseadas na divindade. As primeiras, neste caso, sofrem relativa autonomização face aos preceitos religiosos. Depois, porque sendo um direito essencialmente de natureza prática, os romanos produzem conceitos duradouros e "critérios distintivos para as diferentes situações em que se manifestavam os conflitos jurídicos e sua práxis. Daí o aparecimento de técnicas dicotômicas introduzidas sob a forma de pares, como, por exemplo, *actio in rem* e *actio in personam*; *res corporales* e *incorporales*; *jus publicum* e *jus privatum* — técnica esta mais tarde denominada *divisio*, a qual não foi um produto, pura e simplesmente, da sua práxis, mas teve alguma influência dos modelos gregos como os modelos produzidos pela gramática".[208]

Como lembra Tercio Sampaio Ferraz Jr., a teoria jurídica romana não era uma *theoria*, ou seja, uma manifestação da contemplação dos objetos, como entre os gregos. Antes, era a exemplificação autoritária das relações passadas e mantidas por meio dos costumes pela história.[209] Esse tipo de raciocínio jurídico prudencial, a partir do renascimento, foi relativamente abandonado, dando origem a outro raciocínio derivado de técnicas forjadas nas universidades medievais, denominadas glosas. Os principais textos glosados foram o *Corpus Juris Civilis*, de Justiano,

---

[205] SALDANHA. *Legalismo e ciência do direito*, p. 52.
[206] COELHO. *Teoria da ciência do direito*, p. 44.
[207] A palavra *auctoritas* provém de *augere*, que significa aumentar: aumentar a fundação (da cidade romana). V. FERRAZ JR. *Função social da dogmática jurídica*, p. 29.
[208] FERRAZ JR. *Função social da dogmática jurídica*, p. 24.
[209] FERRAZ JR. *Função social da dogmática jurídica*, p. 30.

o *Decretum*, de Graciano, além dos *Cânones Eclesiásticos*.[210] Estes textos eram ordenados harmônica e hierarquicamente, de tal modo que os mais recentes eram secundários, procurando-se reconstituir um *corpus* através de princípios e regras mais gerais. Percebe-se aí o direito medievo como resultado da soma do direito romano com o comentário dos professores (glosadores) e a influência da igreja, que na época detinha a *autoridade* (substituindo a *auctoritas* da cidade de Roma). Eis a raiz do direito e Estado racionais, os quais dominarão o ocidente mais tarde. Essa absorção do direito romano foi fundamental para justificar, bem como para instrumentalizar, a constituição das grandes monarquias administrativas europeias. Afinal, deve ser lembrado, o direito romano é um direito do Estado.

O período feudal é o período onde a circulação de riquezas faz-se mediante herança, rapinagem e guerra, sendo secundário o papel do comércio. O direito aí ligava-se umbilicalmente ao exercício da guerra. Ele era a continuação da guerra de modo regulamentado. Os súditos pediam ao soberano, não que decidisse o conflito, mas que fiscalizasse a regularidade do procedimento.[211] Materialmente, quem detinha o direito era o mais forte, e no ápice o príncipe, como o detentor da maior força, acumulando, portanto, um determinado número de direitos. Ora, a partir do século XVII, com o surgimento das monarquias administrativas, o príncipe, como o detentor do poder das armas, constituirá o judiciário. Os indivíduos não terão mais o direito de resolver ou regular os seus litígios; deverão submeter-se a um poder exterior a eles (um terceiro), o qual se impõe como "poder judiciário e poder político".[212]

Num mesmo período, então, ocorrerá a recepção do direito romano e a confiscação, pelo príncipe, do poder de julgar, constituindo o judiciário. Experimenta-se, nessa época, o surgimento do soberano como corporificação de um poder político concentrado e absorvente. Esse poder seria coonestado com o surgimento de "legistas" aptos a trabalhar com os textos romanos, a partir dos quais, revisando-os e adaptando-os, instrumentalizariam juridicamente as monarquias administrativas. Isso aconteceu de tal modo que, já com o mercantilismo, o Estado bastante forte "fez surgir um lema: *un roi, une foi, une loi*".[213]

---

[210] FERRAZ JR. *Função social da dogmática jurídica*, p. 32.
[211] FOUCAULT. A verdade e as formas jurídicas. *Cadernos PUC/RJ*, p. 50.
[212] FOUCAULT. A verdade e as formas jurídicas. *Cadernos PUC/RJ*, p. 51.
[213] SALDANHA. *Legalismo e ciência do direito*, p. 48.

Neste tempo, o direito costumeiro ia cedendo lugar, cada vez mais, ao direito estatal de origem romana, o qual já começava a se apresentar como uma certa ordem jurídica. Se as relações de força comandam as modificações sofridas pelas sociedades ocidentais a partir do final da idade média, o fortalecimento do poder central do soberano e o início da centralização administrativa necessitarão de um discurso que instrumentalize esse processo, e ao mesmo tempo, o legitime.

Em síntese, a mutação necessita se fazer segundo uma *rationale* dominante. Esta não será a manifestação de um *corpus* de ideias falsas encarregadas de legitimar aquele processo, mas a substância de uma realidade imaginária que irá co-constituí-lo. Está-se a referir ao discurso da soberania, um dos pilares da construção jurídica do Estado moderno, e, ao mesmo tempo, da construção política do universo que hoje é chamado de direito. A atuação dos juristas aqui foi fundamental. Sabe-se de sua importância no sentido de fornecer um instrumental jurídico apto a favorecer a constituição do poder monárquico forte, centralizado administrativamente e, mais tarde, absolutista. A reconstrução do edifício jurídico romano obedeceu a essa linha. Foucault chega a afirmar que "é a pedido do poder real, em seu proveito e para servir-lhe de instrumento ou justificação que o edifício jurídico das nossas sociedades foi elaborado. No ocidente o direito é encomendado pelo rei".[214]

Para fixar o problema da legitimidade do poder real, a questão maior sobre a qual a teoria jurídica tem se debruçado é a questão da soberania.[215]

A soberania é a corporificação discursiva dos fundamentos legitimadores dos direitos do príncipe, e dos deveres de obediência dos súditos. Trata-se da legitimação de uma relação assimétrica de poder que estabelece uma equação centrada no binômio dever-obediência. Segundo Foucault (ele refere-se à teoria jurídico-política da soberania): "Ela desempenhou quatro papéis. Antes de tudo referiu-se a um mecanismo de poder efetivo, o da monarquia feudal. Em segundo lugar, serviu de instrumento, assim como de justificativa, para a constituição das grandes monarquias administrativas. Em terceiro lugar, a partir do século XVI, e sobretudo do século XVII, mas já na época das guerras de religião, a teoria da soberania foi uma arma que circulou tanto num campo como no outro, tendo sido usada em duplo sentido, seja para limitar, seja, ao contrário, para reforçar o poder real (...). Em suma, ela foi

---
[214] FOUCAULT. Soberania e disciplina. *In*: FOUCAULT. *Microfísica do poder*, p. 180.
[215] FOUCAULT. Soberania e disciplina. *In*: FOUCAULT. *Microfísica do poder*, p. 181.

o grande instrumento de luta política e teórica em relação aos sistemas de poder dos séculos XVI e XVII. Finalmente, é ainda esta teoria da soberania (...), que encontramos, no século XVIII, em Rousseau, e seus contemporâneos, desempenhando um quarto papel: trata-se agora de construir um modelo alternativo contra as monarquias administrativas, autoritárias ou absolutas, o das democracias parlamentares. É este mesmo papel que ela desempenha no momento da revolução francesa".[216]

Se a teoria da soberania em geral, qualquer tenha sido sua função, contribuiu para a consecução do processo de positivação do direito, todavia, será esta última teorização — a soberania pertence ao povo ou à nação! — coincidente com o início da consolidação da dominação burguesa, que favorecerá as bases da identificação direito-lei. Note-se que este é o momento final da derrocada do poder absolutista do rei (que detinha o poder soberano). O dever de obediência vinculava-se à sua autoridade pessoal e à sua presença física. Em *Vigiar e punir*, Foucault demonstra como o crime e a infração,[217] noções que aparecem após a centralização do poder real e a confiscação pelo príncipe do poder de julgar, eram tidos não como violação a um código, mas como agressão à pessoa do rei. O corpo jurídico não possuía ainda a autonomia e a abstração atuais. Nesse sentido, também as leis não se legitimavam por si, mas, para tanto, ligavam-se ao corpo do rei soberano, vinculado à autoridade divina.

O jusnaturalismo teológico oferecia os fundamentos da sustentação legítima do poder real e sua soberania só era compreendida se e quando conforme à vontade divina. Isto vai mudar radicalmente com a ascensão da burguesia. O jusnaturalismo teológico cede terreno para um jusnaturalismo racional, a partir do qual o lugar de Deus será tomado pela razão dos homens. O racionalismo proporá o novo direito jusracional burguês, parteiro do dualismo liberdade-igualdade, oposto ao direito real. Esse jusracionalismo efetivar-se-á, com a queda do absolutismo, como direito positivo.[218] O mesmo acontecerá com o discurso da soberania popular, que cederá espaço para o discurso da

---

[216] FOUCAULT. Soberania e disciplina. *In*: FOUCAULT. *Microfísica do poder*, p. 187.
[217] A noção de infração, ou crime, nasceu em oposição à noção de dano. Este poderia sofrer reparação pelas partes, através de vários modos. Com o surgimento da centralização do poder nas mãos do príncipe, cria-se a figura da infração, a qual será julgada, enquanto ilícito, por um *terceiro*, exterior à relação entre as partes. O infrator será punido não pela violação da lei, mas pela agressão à pessoa do rei. V. FOUCAULT. *Vigiar e punir*: história da violência nas prisões.
[218] A respeito, v. LYRA FILHO. *Para um direito sem dogmas*.

soberania nacional, com a consolidação do poder burguês:[219] nem do povo, nem do rei, a soberania pertence à nação!

Com Rousseau, escreveu Goethe, teve início um novo tempo.[220] Talvez fosse mais exato dizer que ele foi o arauto de um novo tempo. Ele dirá: "convenhamos, pois, em que a força não constitui um direito e que não somos obrigados a obedecer senão aos poderes legítimos".[221] A legitimidade do poder repousa, para esse pensador, sobre uma soberania que pertence ao povo, mediado pela vontade geral. A vontade geral constitui as leis, que não podem ser outra coisa senão gerais: "quando digo que o objeto das leis é sempre geral, entendo que a lei considera os súditos em corpo e os atos como abstratos, jamais a um homem como indivíduo nem a um ato particular".[222] Esse elogio da lei estará presente também em seu *Discurso sobre a origem e fundamentos da desigualdade entre os homens*,[223] mas aqui não se trata do Rousseau de *O contrato social*. Neste, cuida-se do elogio da lei enquanto emanação da vontade geral materializando a soberania popular. Na verdade, este povo, esta soberania popular em Rousseau já eram a nação.

O problema da nação já estava presente no Estado absolutista. "Estado soberano tanto no interior como no exterior de suas fronteiras nacionais",[224] respondendo, de algum modo, na esfera político-jurídica, à dominação burguesa na esfera econômica. Entretanto, com a derrocada do absolutismo, a nação, enquanto um dos pilares do Estado moderno, toma corpo. Ela será o titular da soberania e a exercerá por meio de seus representantes.[225] Aparece como corpo único e indiviso

---

[219] "A Declaração dos Direitos do Homem e dos Cidadãos de 1789, em seu art. 3. proclama assim que, 'o princípio de toda soberania reside essencialmente na nação." Cf. FERRAZ JR. *Função social da dogmática jurídica*, p. 63.

[220] BERTAGNOLI. A doutrina política de Rousseau. In: *O contrato social*, p. 24.

[221] ROUSSEAU. *O contrato social*, p. 41.

[222] ROUSSEAU. *O contrato social*, p. 72.

[223] A edição que compulsamos é a da editora Europa-América, livros de bolso (Portugal, 1976).

[224] POULANTZAS. *Poder político e classes sociais*. Cf. ROCHA. *As dimensões de legitimação-dominação do discurso jurídico sobre o poder soberano*, p. 68. A respeito, v., ainda, FERRAZ JR. *Função social da dogmática jurídica*, p. 62, para quem a soberania "no âmbito interno (...) corresponde à efetividade da força pela qual as determinações de autoridades são objetivadas e tornadas de observância incontornável mesmo através de coação. No âmbito externo, num sentido negativo, corresponde à não sujeição a determinações de outros centros normativos".

[225] Leonel Severo Rocha (*As dimensões de legitimação-dominação do discurso jurídico sobre o poder soberano*, p. 71) elabora uma síntese das principais formações discursivas sobre a soberania. Mostra que, a partir da consolidação do capitalismo, a "teoria da soberania" continuará sofrendo modificações, as quais, através de rupturas, criarão novos discursos conforme a correlação de forças em dada formação social.

transferido para o Estado. A esfera política emergirá como "exterior" ao social, regulando-a de fora, e atendendo aos princípios da igualdade e de liberdade formais dos indivíduos atomizados integrantes do corpo societário. A nação é princípio por meio do qual se articula uma visão da sociedade como conjunto de corpos individualizados, mas reunidos pelo interesse coletivo, do qual o representante legítimo é o Estado. A função deste, portanto, por meio do direito que sanciona, é a de manter a ordem e a paz sociais. A nação é uma e harmônica e o direito também.

A formação do discurso, que legitima o direito pronunciado pelo poder soberano constitui o segundo momento do processo de positivação do direito dominante. O terceiro é o momento da jurisdição e ciência. Segundo Nelson Saldanha, o legalismo contemporâneo é algo que ocorre sobretudo a partir das revoluções liberais. "Estas em verdade firmaram o seu predomínio; vimo-lo surgindo ou progredindo através delas desde tendências anteriores. Teriam sido, portanto, o período feudal e o absolutista, cada um a seu modo, 'preparações' para o tempo da dominação hipertrófica da lei, que começa com as mencionadas revoluções liberais. Sob certo prisma pode-se dizer que aquelas revoluções são apenas episódios mais ou menos externos (embora indispensáveis) de uma transformação que, sem dúvida, corresponde a um processo maior".[226]

As revoluções liberais são o canal de consolidação da dominação burguesa. Destes movimentos políticos aflora uma cosmovisão que pressupunha certa modificação no aparelho de Estado absolutista. A organização centralizada do Estado absolutista é mantida, mas modificada em aspectos essenciais, de modo a estabelecer a tripartição dos poderes e seus corolários, pedra de toque da dominação racional-legal. À administração do Estado, já acrescida do parlamento (este como legítimo representante da vontade geral, expressão da soberania do povo-nação) somar-se-á o judiciário "independente"; este não mais como órgão do rei, mas do Estado, tendo sido, em face disso, politicamente neutralizado.[227] Aparece aí o judiciário com a organização que hoje é conhecida: possuindo razoável autonomia, para assegurar a expressão de uma voz imparcial e politicamente neutra. Na verdade, este era o último passo necessário para a consecução da positivação do direito de modo a assegurar previsibilidade e homogeneidade de

---

[226] SALDANHA. *Legalismo e ciência do direito*, p. 52.
[227] Deve ser lembrado que até aquele momento o poder de julgar pertencia ao rei, e ele o delegava, através de doações ou venda de cargos de juiz, a terceiros, mantida, todavia, a justiça como expressão de seu poder pessoal.

julgamentos, que não ocorria na época do absolutismo. Afinal, nesse período, o arbítrio do rei não permitia a segurança jurídica tão cara ao capitalismo. Materializa-se a tese de Rousseau, segundo a qual é perfeitamente legítima a política no parlamento, aceitável no executivo, mas desnecessária na judicatura.

Chamaremos de *jurisdição* (do latim: *jus dicere*; *juris dictio*)[228] a esse modo de dizer o direito; ou seja, ao modo de administrar a justiça do judiciário neutro. Nesse sentido, se é certo que, já no final da Idade Média, com o início da centralização do poder pelo príncipe aparece uma figura exterior aos litígios para solucioná-los, representando o julgamento do rei; e se durante o período das monarquias administrativas e absolutistas existiu um judiciário exercendo função jurisdicional (já que dizia, em nome do rei, o direito), o que é relevante para o nosso estudo, é o novo judiciário. Será a atividade desta judicatura renovada que se designará pelo nome jurisdição.[229]

O exercício da jurisdição vai acarretar uma progressiva separação entre a política e o direito. Esta autonomia relativa (e aparente) do jurídico, decorrência do primado da lei e da neutralização do judiciário, garantirá uma desvinculação do "Direito de suas bases políticas, éticas e, mais tarde, nas suas formas epigônicas, até mesmo sociais".[230] O jusnaturalismo racional será responsável em parte, também, por isso. De fato, tendo sido o poder judicial "despolitizado", ele não poderia decidir eventuais conflitos de interesses oferecendo uma solução política. A esfera política era a legislativa, e dela sairia a lei aplicável pelo judiciário. Com o advento do constitucionalismo, o direito já havia assimilado características do jusracionalismo porque estava assegurada a relação hierárquica de subordinação do conjunto de leis emanadas do poder competente à Constituição. Percebe-se, com isso, que o dualismo manifestado pelo binômio direito natural/direito do rei, com a queda do absolutismo, transforma-se num monismo vivido pelo direito positivo estatal. Com isto, a noção de *sistema*, organizado pelo jusnaturalismo racional será incorporada ao direito novo. Este será captado como um sistema orgânico de sentidos normativos. A judicatura proporcionará as bases do desenvolvimento desta teoria, questionando a existência de lacunas no ordenamento, criando o conceito de completude orgânica do sistema jurídico.

---

[228] Cf. SILVA. *Vocabulário jurídico*, v. 3, p. 897.
[229] Neste particular não cabe adentrar no domínio dos processualistas, por ser desnecessário aqui discutir sobre o conceito de jurisdição no direito adjetivo.
[230] FERRAZ JR. *Função social da dogmática jurídica*, p. 65.

Com a escola da exegese e a doutrina dos pandectistas, a tarefa do jurista, tipicamente dogmática, circunscreve-se, "cada vez mais, à teorização e sistematização da experiência jurídica, em termos de uma unificação construtiva dos juízos normativos e do esclarecimento dos seus fundamentos, descambando por fim, já ao final do século XIX, para o positivismo legal, com uma autolimitação do pensamento jurídico ao estudo da lei positiva e ao estabelecimento da tese da estatalidade do direito".[231]

O raciocínio coloca-se como um raciocínio "desterritorializado",[232] ou seja, um raciocínio distante da origem e conexão do direito com suas bases políticas e sociais. O discurso dos juristas, daí em frente, será o discurso abstrato ligado apenas à lei. Esta é uma abstração de primeiro grau; o legalismo jurisdicista, uma abstração maior; uma abstração de segundo grau,[233] ocasionando a eclosão de um saber ao qual se denominou ciência do direito.

Já se afirmou que a primeira escola a colocar-se perante o problema da cientificidade do direito foi a escola histórica alemã: ela foi a primeira a chamar o saber instrumentalizador do direito positivo[234] de ciência do direito. É possível que anteriormente esse mesmo saber tivesse sido compreendido como uma ciência; entretanto, neste caso, estar-se-ia frente a uma concepção de ciência que se identificava, simplesmente, com a atividade de conhecer ou *contemplar*: a ciência era o saber em geral. A partir do século XIX, a realidade será outra. Passa-se para um novo período epistemológico, a partir do qual, com a multiplicação dos eixos epistêmicos, a velha noção da teoria, resultado da atividade de organização e reprodução do contemplado, mudará radicalmente. Os trabalhos de elaboração científica aparecerão como hipóteses de trabalho, e não como a representação objetivada de algo teorizável (ou representável). É o momento da crítica à metafísica e

---

[231] FERRAZ JR. *Função social da dogmática jurídica*, p. 70.
[232] A respeito, v. SANTOS. *Alienação e capitalismo*.
[233] Em artigo elaborado juntamente com Edmundo Lima de Arruda Jr., chamamos de "sofisticação do discurso ideológico", ou "ideologia de segundo grau" ao positivismo jurídico. Nossa concepção de ideologia à época a aceitava como manifestação discursiva não científica e, portanto, necessariamente falsa. Já esboçávamos, entretanto, a percepção da própria ciência como manifestação do universo imaginário. A respeito, v., também, FERRAZ JR. *Função social da dogmática jurídica*.
[234] No caso da escolha histórica não podemos falar, propriamente, em "legalismo". Mas de qualquer modo o "seu" direito, se não era a lei, era o direito dominante aceito-tutelado pelo Estado, já que o *volksgeist* — espírito do povo — era mais um conceito cultural do que uma realidade histórica: identificava-se com a produção jurídica dos sábios e eruditos comprometidos com a estrutura de dominação.

da fixação da realidade empírica. O positivismo, filosofia empirista, empresta seu nome para a nova forma de aparecer-conhecer o direito.

Com o presente capítulo ensaiou-se fixar o imaginário jurídico não apenas como uma ideologia (frente a outras mais), no sentido de falsa consciência, mas como realidade histórica contemporânea da emergência das sociedades ocidentais. As várias formulações, as várias teorias jurídicas positivistas devem ser compreendias não como "ideologias específicas", que estariam a deturpar a verdade, como sugerem alguns autores críticos, mas como formações teóricas decorrentes de um mesmo imaginário: a forma positiva de aparecer do direito dominante. Tais teorias jurídicas não são apenas o produto da prisão ideológica de seus autores, mas ao contrário, constituem variações cognoscitivas de uma mesma realidade. A realidade atual do direito contemporâneo resultante do longo e acidentado processo que acompanhou a ascensão do capitalismo, mostrando suas faces notadamente, segundo nossa hipótese, em três momentos: (i) *o momento da recepção do direito romano*; (ii) *o momento da soberania do povo nação*; e (iii) *o momento da jurisdição e ciência*.

Trata-se, então, de um direito abstrato e autonomizado. Um direito apto a expressar, em tese, os ideais burgueses de liberdade e igualdade formais. E a cimentar, no nível do imaginário, a atomização dessa sociedade marcada pela existência de indivíduos em situações desiguais por meio da ficção da igualdade jurídica. É a realidade do formalismo jurídico, em que as formas abstratas do direito, talvez, sejam a última garantia de sua funcionalidade e eficácia histórica. Isto é suficiente para que o saber jurídico promova o elogio da lei.

4.2 Rede de poder e razão legal

O pensamento positivista fixa uma característica inusitada na história do direito: a abstração de suas enunciações normativas, as quais, assumindo a relativa autonomia de suas referências genéticas, necessitam de um universo de identidade totalmente reificado. O direito reduz-se à expressão normativa, juridicizada por uma forma específica: a verdade do direito é a sua forma jurídica.

Já salientamos a importância do jusracionalismo no sentido de dotar o direito contemporâneo de algumas categorias fundamentais para a sua teorização. Assim foi com a noção de sistema, incorporada pelo direito para compor um sistema jurídico orgânico: o ordenamento normativo estatal. Também a noção de hierarquia, não de fontes (esta provém ainda dos glosadores), mas de normas, parece ter alguma relação com o direito natural. Com a dicotomia direito do rei-direito ideal, os jusnaturalistas fundavam uma espécie de relação entre normas onde umas encontram seu fundamento em outras, tidas como superiores e, por isso, mais importantes. A validade que o relacionamento coerente das normas do rei com o direito natural expressava foi incorporada num monismo positivado onde a Constituição seria a normativa geral a partir da qual outras tantas poderiam, legitimamente, derivar. Entretanto, a influência do jusnaturalismo racional não para aí. Talvez Weber tenha razão quando afirma corresponder o direito contemporâneo a uma fase adiantada de um processo de racionalização iniciado pelos romanos e ultimado com o nascimento de uma casta de juristas especializados, que contribuíram para radicalizar o processo.

Em verdade o que ocorreu foi a objetivação histórica dos valores de liberdade e igualdade, reivindicados pelo jusnaturalismo, enquanto expressão de uma classe que, economicamente dominante, assumia, igualmente, a função de politicamente dirigente. E a abstração jurídica corresponde à forma necessária de expressão dos valores de liberdade e igualdade, fundamentais para a sociedade emergente.

O direito moderno é como um "quadro de homogeneidade",[235] que discursa a igualdade e a liberdade demonstrando que fora de sua lei existe o reino das diferenças e das individualidades. É, assim, o espaço formal de designação dos valores jurídicos a partir dos quais possibilita a mediação dos conflitos exsurgidos das diferenças reais entre os homens. Por essa razão, afirma-se que os valores jurídicos se manifestam fora do seu domínio "mediante seu contrário absoluto".[236]

As mesmas forças históricas que, através do direito natural racional e das formulações teóricas da soberania do povo-nação, encamparam os valores abstratos de igualdade e liberdade, os formalizarão por meio de estrita regulamentação; denunciando a "necessidade de cálculo de previsão".[237] A junção desses três valores: liberdade, igualdade e segurança-previsibilidade, objetivações de uma nova economia de reprodução das condições de existência humana, redesenhará a configuração do direito segundo uma forma inédita, que evidencia a especificidade do direito atual. Esta, conjugando os três valores referidos, mostra-se como um complexo de normas jurídicas estatais.

Tais normas apresentam-se, em princípio, como:

    a) *gerais*, opostas, nesse sentido, às disposições individuais que somente concernem a uma pessoa determinada;

---

[235] POULANTZAS. *O poder, o Estado, o socialismo*, p. 98.
[236] POULANTZAS. *Hegemonía y dominación en el Estado moderno*, p. 23.
[237] POULANTZAS. *Hegemonía y dominación en el Estado moderno*, p. 25.

b) *abstratas*, construídas por meio de conceitos autonomizados da realidade concreta e concernentes a mais de um caso ou situação;

c) *formais*, despojadas de conteúdo concreto, 'material';

d) *estritamente regulamentadas*, entendendo-se por este termo a estruturação específica que tem por fim preservar a duração (e também garantir a previsibilidade) de uma ordem normativa.[238] Weber assinalou que a dominação moderna é a racional-legal.[239] Nesse sentido, o pólo de legitimidade da relação de poder se desloca das mãos carismáticas do líder ou da força divina encarnada no príncipe para a abstração e impessoalidade da lei. Trata-se, na realidade, de um outro deslocamento: o da legitimidade para a legalidade; mas legalidade não mais organizada com base no sagrado. "A lei, já encarnação do povo-nação, torna-se a categoria fundamental da soberania do estado".[240] Neste particular, a instância jurídica autonomizada, melhor do que a ética religiosa, responde pela "nova realidade" societária. Esta toma corpo após o "desatamento" dos agentes de seus elos territoriais. De fato, no momento em que o feudalismo entra em bancarrota, com a progressiva separação do homem dos meios de produção e dos elos pessoais que os uniam, será a lei abstrata e formalizada que estará apta a investir no imaginário representando as individualizações e diferenças reais conforme um quadro coerente de homogeneidades, garantidor da liberdade e a igualdade jurídico-formais. Não há mais castas, ou feudos, nem privilégios hereditários, nem posições sociais permanentes. O jurídico encarregar-se-á, então, de representar a homogeneidade desses agentes despojados de seus meios de produzir. Entretanto, as relações produtivas continuarão a manter as diferenças necessárias para sua própria reprodução. Sabe-se que o indivíduo é

---

[238] POULANTZAS. *Hegemonía y dominación en el Estado moderno*, p. 28.
[239] A propósito, cf. WEBER. *Economia y sociedad*. Aqui esse autor entende existirem três tipos de dominação, conforme sua legitimação, isto é, conforme a natureza dos princípios que dão estabilidade à dominação. Distingue entre dominação tradicional, carismática e dominação racional-legal. Embora esses três tipos de dominação não se encontrem em forma pura, tem-se por tradicional a legitimada na crença da justiça dimanada da continuidade dos princípios herdados de antepassados, como na obediência-lealdade dos súditos aos reis ou governantes. Por carismática, a legitimidade proveniente das qualidades de alguém para dirigir o grupo social (seja pelo herói, profeta ou demagogo). Enfim, por dominação racional-legal, tem-se a legitimidade fundada na crença da lei impessoal. O aparato administrativo que corresponde à dominação legal é chamado burocracia. E o direito se apresenta como abstrato e formal.
[240] POULANTZAS. *O poder, o Estado, o socialismo*, p. 99.

uma invenção recente.[241] Suas raízes são encontradas na divisão social do trabalho, passando pela divisão do trabalho manual-intelectual e culminando no despojamento do produtor direto dos seus meios de produzir. Estes se reificam, são um ente autônomo separado tanto do trabalhador como do capitalista. Ora, o funcionamento do aparato produtivo encarna uma relação espaço-temporal traçando um código de localizações individualizadas no seio da produção conforme funções que autorizem uma hierarquia a partir da qual se desenham diferenças entre os homens. Esta individualização já é o resultado do processo de libertação dos agentes de suas ligações territoriais anteriores.[242] A lei contribui para o aguçamento do processo, garantindo-o. Deste modo, ao mesmo tempo em que é indispensável para sua continuidade e reprodução, cimenta esse fracionamento, instaurando o reino imaginário dos homens livres e iguais. A unidade representada pela lei é, ao mesmo tempo, o fundamento e o resultado da instauração do universo das individualidades. Ela não apenas oculta os fracionamentos reais da sociedade, mas contribui, efetivamente, para instaurá-los.[243] É uma força nova agindo na história. Sua linguagem possui a aptidão necessária para manter a coesão dos agentes atomizados, aglutinando suas diferenças e divergências. Suas prescrições, o vazio de seus significantes, permitem certa maleabilidade interpretativa, de tal modo que se pode afirmar os vários métodos hermenêuticos do direito não como procedimentos jurídicos em busca de uma possível "essência" resgatável das palavras da lei, mas como operações metódicas de revisão (de significados) do universo jurídico em face de contextos novos.[244] Esses procedimentos substanciariam, segundo Warat, recursos operadores de redefinições das palavras da lei.[245] Pode-se, portanto, dizer, como Poulantzas, que a lei, organizada conforme o "puro signo" (abstrata, formal, universal) assume uma função privilegiada no mecanismo de representação imaginária. É o real-imaginário que, invertendo o real-concreto, contribui para a cimentação-coesão da formação social, preservando sua unidade.

Caracterizado o positivismo (enquanto modo de *aparecer* e *conhecer* atuais do direito), esboçamos sua gênese e forma jurídica após sua emergência. Dito o *como* do elogio da lei, cabe esclarecer o seu *porquê*.

---

[241] Foucault diz que o homem é uma invenção recente. Cf. *As palavras e as coisas*: uma arqueologia das ciências humanas.
[242] POULANTZAS. *Hegemonía y dominación en el Estado moderno*.
[243] POULANTZAS. *O poder, o Estado, o socialismo*, p. 98.
[244] WARAT. *Mitos e teorias na interpretação da lei*, p. 93.
[245] WARAT. *Mitos e teorias na interpretação da lei*, p. 93. V. também CLÈVE. *O direito em relação*, p. 24-25.

4.3 A lei e as disciplinas

Dois registros distintos; eis a tese de Foucault. Um é o da lei, o outro o das disciplinas. Um é da macrofísica, o segundo da microfísica. O primeiro se concentra no Estado, o outro o ultrapassa. Entretanto, os dois não se organizam de tal modo que o primeiro seja o *outro* do segundo. Ao contrário, são, apenas, duas faces de uma mesma substância: o poder. Estas colocações devem ser observadas do ponto de vista da pertinência com o presente estudo. Trata-se de afirmar o poder como uma relação objetivada em dois registros distintos, mas estreitamente interligados: o jurídico e o disciplinar.

O grande mérito da "genealogia do poder"[246] foi perceber a materialidade de uma tecnologia de poder, denominada de *disciplina* por Foucault. Ainda que não fosse este o seu intuito, a tese abriu espaço para a reavaliação do universo imaginário, resgatando-o do mundo das ideias e conectando-o com a objetivação das práticas cotidianas de poder. Por este caminho trilhará Poulantzas em *O poder, o Estado, o socialismo*, modificando, de algum modo, sua percepção do imaginário firmada anteriormente em *Poder político e classes sociais*. De fato, aqui, este pensador ainda não desenvolvia, exaustivamente, tal aspecto, embora já o esboçasse. As ideias de Foucault foram importantes para Poulantzas.

Visto o poder não como uma substância, uma coisa que possa ser apropriada, possuída ou alienada, mas como relação formando uma rede difusa de forças interligadas. Uma rede não descendente que, provindo de um centro (o Estado), prolonga-se até domínios exteriores e periféricos, mas ao contrário, que a partir de vários pontos celulares e infinitesimais ascende até o centro produzindo práticas, tecnologias, saberes e discursos que moldarão o corpo social; visualizando assim o poder, está-se frente a Foucault. Este intelectual mostra o poder como relação e define os corpos sociais contemporâneos como "sociedades disciplinares". Lugares onde a disciplina, enquanto tecnologia específica de um poder específico, cria certa "anatomia social" sobre os corpos individualizados, moldando-os por meio de práticas normalizadoras. É necessário analisar o que isto pode significar.

---

[246] A respeito, v. FOUCAULT. *Vigiar e punir*: história da violência nas prisões. Também FOUCAULT. *História da Sexualidade*, 1: a vontade de saber, notadamente o Capítulo V: "Direito de morte e poder sobre a vida". Ainda: FOUCAULT. *Microfísica do poder*. Trata-se de uma coletânea de textos do autor organizada por Roberto Machado. Conveniente ver a introdução do tradutor e organizador ("Por uma genealogia do poder"). Fundamental o texto XII: "Soberania e disciplina", p. 179.

O poder encontra sua base de sustentação em dois meios de controle: o direito e a *normalização disciplinar*. O primeiro representa a unidade da formação social investindo no imaginário social e fornecendo o quadro de cimentação necessário para a reprodução societária. O segundo, funcionando facilmente dentro do sistema de homogeneidade imaginária promovido pelo jurídico, aguça-o, de certo modo, recheando o sistema de igualdade-liberdade formais com medidas hierarquizantes e individualizantes que, estabelecendo uma "gradação de diferenças",[247] *normaliza* os agentes. Assim, se um é o registro da lei, geral, abstrata e formal, encampação da liberdade e igualdade, o segundo é o registro da norma imperceptível, modeladora e produtora de corpos dóceis. O primeiro emana do poder soberano do Estado objetivador da vontade do povo-nação; o outro provém e multiplica-se em rede a partir de pontos moleculares múltiplos e infinitos.

As disciplinas, como método de "ortopedia social", formadoras de corpos dóceis, individualizados e localizados, são uma invenção de curta história,[248] cuja data de nascimento pode ser apontada (séculos XVII e XVIII). Verdade que existiram processos disciplinares anteriores à sua transformação em fórmula geral de dominação. É o caso da disciplina dos antigos conventos, das casas monacais, dos exércitos.[249] O modo de distribuição dos indivíduos nestas instituições foi tão fundamental para a sociedade nascente que esta o absorveu e o desenvolveu até limites possíveis.

A fórmula de dominação, referida técnica de "bom adestramento," tem no corpo social não apenas o objeto sobre o qual age moldando-o, como também a matéria-prima que industrializa, criando indivíduos. O homem, aqui, além de criação do poder, é instrumento para seus exercícios. O poder não será apenas o pai que diz não, que censura, impede

---

[247] FOUCAULT. *Vigiar e punir*: história da violência nas prisões, p. 164.

[248] A "invenção dessa nova anatomia política não deve ser entendida como uma descoberta súbita, mas como uma multiplicidade de processos muitas vezes mínimos, de origens diferentes, de localizações esparsas, que recordam, se repetem, ou se imitam, apóiam-se uns sobre os outros, distinguem-se segundo seu campo de aplicação, entram em convergência e esboçam aos poucos a fachada de um método geral... O que não impede que se inscrevam, no total, nas transformações gerais e essenciais que necessariamente serão determinadas". V. FOUCAULT. *Vigiar e punir*: história da violência nas prisões, p. 127-218. Note-se que, historicamente, no mesmo momento em que se radicalizavam os discursos jurídicos da soberania o povo-nação e se buscava um jurídico fundado sobre as premissas valorativas da igualdade e liberdade, as disciplinas, de simples métodos esparsos e utilizados aqui e acolá transformam-se em "fórmula geral de dominação". É que o mesmo discurso que diz a lei favorece a disciplina.

[249] FOUCAULT. *Vigiar e punir*: história da violência nas prisões, p. 126.

e proíbe. Ao contrário, esse poder também autoriza, gera discursos e saberes, adestra, exercita, treina. Utilidade econômico-funcional, de um lado, já que os corpos dos indivíduos são exercitados e controlados para que forneçam um máximo de trabalho com um mínimo de dispêndio. Utilidade política por outro, pois aquele trabalho, a vigilância, a censura e a recompensa normalizam os agentes transformando-os em politicamente dóceis.

Com isso, a massa é individualizada, atomizada. Há, portanto, um controle invisível e imperceptível, não sobre a massa como um todo, mas sobre ela, enquanto sobre cada um.

Em Foucault, se a disciplina normalizando os seus objetos transforma-os numa massa homogênea de indivíduos, não se enganem! Aí, onde aparece um amontoado de homens sem faces, e, portanto, iguais, percorre também o fio indelével da microfísica desse código poderoso: cada indivíduo está classificado conforme uma tábua de microjulgamentos; está localizado conforme uma fila funcional e hierárquica; está fichado no registro próprio da vigilância, da censura e da promoção. A massa uniforme e anônima que aí vemos não é uma massa homogênea, mas mero aglomerado de seres classificados e reconhecíveis. Ela é fruto de um poder (o poder da sociedade disciplinar) que estabelece uma relação de sujeição estrita: os indivíduos são objetos e não sujeitos sociais.

A lei designa o sujeito (de direito), enquanto a normalização sujeita o objeto (do exercício disciplinar). A primeira cimenta-unifica o corpo social encampando no imaginário jurídico o discurso do povo-nação. A segunda fratura e atomiza a totalidade social individualizando os corpos. A lei fala em nome do direito. A normalização fala do que é "natural" e cotidiano. A lei é visível, e sua visibilidade é essencial à sua funcionalidade. A normalização é imperceptível, "não existe". O discurso da lei emana de um lugar centralizado. O discurso das disciplinas provém de múltiplos lugares, de pontos periféricos, moleculares e pulverizados[250] (concentrando-se também no Estado). Como se vê são realidades distintas embora constituam peças de um único dispositivo de poder: o dispositivo da dominação. Cada uma dessas peças é essencial à continuidade da outra. E isso se dá de tal modo que nas sociedades modernas não há lei sem disciplina e vice-versa. Eis o ponto a partir do qual é possível esboçar a especificidade do imaginário jurídico contemporâneo.

---

[250] FOUCAULT. Soberania e disciplina. In: FOUCAULT. Microfísica do poder, p. 179-191.

A dicotomia entre o corpo individual e o corpo social está presente na filosofia política antecessora das revoluções burguesas. De fato, nela precisava-se o lugar do indivíduo e conferia-se ao Estado, encarnação da vontade geral, uma hierarquia superior (autoridade) para, representando a nação, governá-la. Lembremos de Rousseau, para quem o homem assume uma independência cada vez mais evidente em relação aos outros homens, e uma dependência virtualmente progressiva em relação ao Estado. Ora, o que aparece aqui é uma teorização onde o indivíduo-homem e sujeito de direito circunscreve-se a um espaço que lhe é peculiar, o espaço do privado: o *outro* do público (este entendido como espaço do Estado). Foucault percebe o indivíduo não como algo "natural", senão como criação de um certo tipo de tecnologia do poder. Neste caso os seres individualizados não serão, como nas teorias contratualistas, a realidade que, em comunhão, referendaria a autoridade do Estado para manter, todavia, uma série de prerrogativas e direitos individuais. Os próprios indivíduos são produto do exercício, controle e vigilância de um poder específico: o poder disciplinar. Mas se Foucault chega aí, continua, entretanto, a ver a esfera das individualidades como a esfera do privado. Transparece, pois, o seu apego a uma certa visão limitada do fenômeno estatal. Além de subestimar o papel do Estado nas sociedades atuais, não capta sua ligação com as relações de produção e a divisão social do trabalho, dimensões que poderiam melhor elucidar a emergência das disciplinas e sua complexa ligação com o jurídico. Eis onde entra Poulantzas: as individualidades residem tanto nas relações de produção como no Estado. Este é co-constitutivo das relações de produção, tendo importância tanto no sentido de ocultar os fracionamentos do corpo societário, como, também, no sentido de sancioná-los. O direito desempenha os dois papéis. O primeiro por meio dos valores abstratos e formais de igualdade e liberdade. O segundo por meio da encampação do sujeito de direito (o qual está em relação primeira com a atomização do corpo social e com as individualidades). Todavia, o segundo papel cabe prioritariamente às técnicas de que o Estado lança mão para seu exercício de poder e cuja materialização em sua "ossatura" institucional é apenas um aspecto.

Para Poulantzas, "o indivíduo bem mais que criação da ideologia político-jurídica (...), aparece (...) como o ponto de cristalização material, ponto localizado no próprio corpo humano, de uma série de práticas na divisão social do trabalho".[251] O fracionamento do corpo social

---

[251] POULANTZAS. *O poder, o Estado, o socialismo*, p. 81.

não é resultado, apenas e diretamente, das relações de produção. As individualizações estão nestas, como igualmente, no Estado capitalista e será esta interligação intestinal que induzirá "um quadro material referencial das matrizes espaciais e temporais que são os pressupostos da divisão social capitalista do trabalho".[252]

As práticas de poder do Estado estão escoradas numa tecnologia de produção de individualidades. Mas o Estado não se limita a registrar essa realidade. Ele produz fracionamentos na mesma medida em que homogeneíza os indivíduos os representado na unidade do povo-nação. Esse ente consagra a atomização societária pela criação das unidades sujeitos de direito, investindo, ao mesmo tempo, na sua cimentação imaginária a partir da inversão do real: a fração torna-se unidade; a diferença, igualdade e a vigilância, liberdade. Com isso, o universo do direito dominante só pode ser o da lei estatal; essas práticas de poder só podem conduzir, em face de seu próprio exercício material, a um imaginário onde o positivismo, mesmo reduzindo o universo do jurídico, fala a verdade.

---

[252] POULANTZAS. *O poder, o Estado, o socialismo*, p. 72.

CAPÍTULO 5

O DIREITO QUE FAZ A LEI

5.1 O nível jurídico estatal

O saber produzido por alguns juristas reclama questionamento. O simplismo idealista de suas explicações e o empirismo de suas "descobertas" podem ser revistos. Todavia, as suas escolhas devem ser explicadas. As teorias jurídicas, como já salientamos, são tecnologias, saberes orientadores do agir jurídico-institucional. Se, por um lado, o estrito legalismo dessas teorias não é apenas "criação inventiva" dos juristas, por outro, a redução do saber jurídico à mera descrição fenomênica desse legalismo, tomando-o, e só a ele, como digno de teorização, é lamentável. Aliás, o direito — leia-se, doutrina — caracteriza-se por um duplo e contraditório aspecto: é saber sobre um objeto, no caso, o direito, e, ao mesmo tempo, é parte desse mesmo objeto (já que a doutrina pode ser também fonte, embora auxiliar, do direito). Com isso, a doutrina, além de saber, é concomitantemente um dos meios de expressão (ao lado da lei e da jurisprudência) do jurídico. Ora, essa simples ambiguidade desnuda o caráter desse discurso, desvendando, igualmente, os seus limites teóricos intrínsecos.

O direito dominante conforma o discurso jurídico tradicional ao espaço que ocupa: teorização instrumental, circunscrita à operacionalização do jurídico estatal. Pode-se, então, afirmar que, ao contrário da colocação comum entre alguns jusfilósofos críticos, não é o saber jurídico o único responsável pela redução da teoria do direito ao espaço do direito positivo-estatal. Este é uma realidade imposta pela história. Não se pode olvidar o papel do Estado nas sociedades modernas, nem

seu caráter de produtor privilegiado de normatividade. Neste caso, o positivismo, enquanto materialização-objetivação de um real-imaginário particular, favorece a emergência de um tipo específico de discurso jurídico. Tem-se estabelecido — o leitor deve ter notado! — uma relativa sinonímia entre expressões como direito (positivo, dominante, moderno, atual, capitalista), sistema jurídico e ordenamento jurídico. Há um grau de identidade entre o direito e o sancionado como tal pelo Estado. Ao lado dessas expressões deve-se considerar mais uma: instância jurídica; ou nível jurídico.[253] A categoria pode, mais facilmente, instrumentalizar a análise do direito atual. Duas razões parecem essenciais para tanto:
i) o estudo da instância jurídica não só permite como exige a percepção da relativa especificidade do direito nas formações sociais contemporâneas;
ii) depois, fugindo da mera descrição funcional e justificadora do sistema ou ordenamento jurídico, o nível jurídico reclama pela sua localização no interior do todo, ou seja, do modo de produção (este constituído pelo inter-relacionamento dos vários níveis, como o econômico, o jurídico, o político etc.).

Assim, a análise absorve as teorizações tradicionais, superando-as; pode, por exemplo, explicar a gênese desta ou daquela forma jurídica, sua dinâmica e funcionalidade.

A explicação não do direito, mas dele enquanto instância jurídica (localizada espacial e temporalmente), é sugerida pelo materialismo histórico. Evidente que a pesquisa seduzida por este tipo de visão (alargando, consideravelmente, o campo constitutivo de seu objeto) privilegia o jurídico sancionado pelo Estado como tal.

A análise da instância jurídica coincidirá num ponto básico com os estudos dos juristas tradicionais. Entretanto, o que para os críticos não passa de um início de pesquisa, um ponto de partida teórico para a explicação do direito, entre os juristas tradicionais trata-se de um lugar do qual não se pode sair: "o direito é o direito".[254] Ainda assim há de comum entre essas posturas teóricas o entendimento de que o jurídico moderno apresenta-se como um conjunto sistemático de normas que encarnam os valores formais de liberdade, igualdade e previsibilidade (segurança, calculabilidade). Mas, se à teoria tradicional cabe apenas descrever e instrumentalizar esse conjunto, à crítica impõe-se a necessidade de explicá-lo.

---

[253] A respeito, ver Cerroni, Poulantzas e Miaille, obras citadas.
[254] MIAILLE. *Uma introdução crítica ao direito*.

O político e o jurídico são níveis específicos que, ao lado de outros, como o econômico, formam um todo estrutural. Trata-se de visão que abandona certa perspectiva teórica, a qual se identificando, em geral, com as colocações do jovem Marx, captava o jurídico-político apenas como uma ilusão; algo como um fenômeno mistificador cuja função seria ocultar a essência da realidade social. Esse fenômeno ilusório e fantasmagórico, tratado segundo o modelo da alienação, identifica-se com certa produção ideológica, entendida como emanação de uma "falsa consciência".[255]

Um estudo da especificidade do direito não deve buscar uma certa e possível essência social que, mistificada pelos fenômenos ilusórios do jurídico e do político, seria encontrada no homem-indivíduo-concreto, único ser real, mônada essencial da realidade societária. Ao contrário, e esse foi o caminho do Marx maduro, deve-se referir a estruturas. Com isso, o acesso à categoria do *modo de produção* é inevitável. Miaille chama atenção para o fato de que por essa expressão não se deve entender apenas o econômico, ou seja, o nível das relações de produção. Verdade que alguns autores usam a locução apenas nesse sentido. Entretanto, quando normalmente está-se a falar em modo de produção, e este é o nosso caso, deve-se visualizar uma unidade complexa, uma estrutura social, que "consiste em um conjunto de níveis com estruturas próprias e eficácia específica, com predomínio, em última instância, do econômico".[256] Pode-se falar, então, do modo de produção como uma estrutura social com dominante, ou seja, como "um todo complexo com dominante".[257] Ora, isso não quer significar que os demais níveis sejam meros apêndices do econômico, subordinados a este segundo uma relação de causalidade mecânica. Também não basta afirmar, como o faz Engels,[258] que a influência não provém apenas da base, porquanto os níveis superestruturais igualmente afetam e influenciam as relações de produção. O próprio conceito althusseriano de sobredeterminação[259]

---

[255] POULANTZAS. *Hegemonía y dominación en el Estado moderno*.
[256] POULANTZAS. *Hegemonía y dominación en el Estado moderno*, p. 142. Essa colocação de Poulantzas evidencia uma teoria presente também em Miaille. Ela retoma, de algum modo, o pensamento de Etienne Balibar (e do Althusser teoricista), severamente criticada por Miliband. A respeito, cf. LACLAU. A especificidade do político. *In*: LACLAU. *Política e ideologia na teoria marxista*, p. 57 et seq.
[257] MIAILLE. *Uma introdução crítica ao direito*, p. 63.
[258] V. GOMES. *Marx e Kelsen*, p. 21.
[259] V. ALTHUSSER. Aparelhos ideológicos de Estado. *In*: *Posições-2*, p. 47. Também a Apresentação dos tradutores.

parece ser insuficiente. O conceito toma a metáfora marxiana do edifício composto por uma *infra* e outra *superestruturas* (no qual a primeira corresponde à base) que mutuamente influenciam-se, entretanto, com a dominância, em última análise, de infraestrutura.

Deve-se visualizar o modo de produção como uma estrutura com dominante. Entretanto, o sentido dessa tese deve ser encontrado no interior da unidade e não pode ser estabelecido aprioristicamente, pois os demais níveis não são meros apêndices do econômico. São antes verdadeiras condições para sua existência: "os diversos níveis superestruturais intervêm não secundariamente, senão originariamente em uma estrutura social global".[260] Nesse sentido, "dizer que em uma certa estrutura o econômico é predominante em última instância, é indicar que ocupa lugar somente em função da especificidade e da eficácia própria dos outros níveis que constituem a estrutura social como unidade complexa".[261]

Segundo Poulantzas, o econômico não é o sujeito central da estruturação social. A simples explicação deste nível em nada servirá para a explicação do todo. O modo de produção só pode ser explicado interpretando-se o papel de cada um dos níveis do conjunto bem como a funcionalidade e formas que assumem conforme a articulação com os demais níveis.

Que o direito assume na sociedade capitalista uma autonomia relativa, eis uma constatação básica. O problema, por exemplo, da distinção entre o direito e a moral é relativamente recente. Interessante anotar que, se a autonomia do jurídico sempre foi defendida pelos juristas tradicionais ("o direito é o esteio da ordem social"),[262] que, radicalizando a percepção, chegam ao cúmulo de juridicizar todas as relações sociais,[263] o mesmo não ocorreu com todos os jusfilósofos. De fato, as correntes dominantes — o voluntarismo de Reisner e Vychinsky, e o economicismo de Pachukanis — praticamente reduziram a nada esta especificidade. A primeira corrente vincula o jurídico a uma certa vontade das classes dominantes. A segunda analisa a instância jurídica diretamente à luz do econômico; aqui, o direito nada mais é do que uma forma de disciplina das relações econômicas de circulação de mercadorias.

---

[260] POULANTZAS. *Hegemonía y dominación en el Estado moderno*, p. 143.
[261] POULANTZAS. *Hegemonía y dominación en el Estado moderno*, p. 143.
[262] SILVEIRA. *Direito e Estado*, p. 116.
[263] Miaille afirma que o direito tem vocação hegemônica.

5.1.1 O voluntarismo

O voluntarismo é o resultado das investigações da escola soviética dos anos 30. Esta escola, filiando-se à doutrina que defendia a existência de uma cultura proletária, aceitava a distinção entre o saber burguês e o saber proletário. Substituiu a doutrina de Pachukanis (que será analisada a seguir). Baseada numa visão de mundo que superpolitizava o jurídico, reduziu-o à mera expressão da vontade das classes dominantes. Nesse sentido, o direito será proletário ou burguês conforme se situe em meio a uma cultura proletária ou burguesa. Para a doutrina, o direito "é um conjunto de regras de conduta, que expressa a vontade da classe dominante, e que constituirá um ordenamento jurídico que é, simultaneamente, um conjunto de costumes e de regras de vida, em comum, confirmadas pela autoridade estatal, sendo estes dois conjuntos garantidos pela força coercitiva do Estado, para salvaguardar, assegurar e desenvolver as relações e conciliações sociais necessárias e proveitosas à classe dominante".[264]

Muito embora seja possível encontrar nessa escola um certo normativismo, seu principal corifeu contesta a sua aproximação com o jurisdicismo. Afirma que para os normativistas o direito explica-se por si só, não estando os juristas preocupados com sua elucidação. O contrário ocorre com ele. Entretanto, se há distinção, ela ocorre em virtude da ligação por este firmada entre o ordenamento jurídico e a vontade da classe dominante. Isso revela uma politização extremada do jurídico.[265] Sua autonomia é severamente reduzida, sendo explicada apenas pelo político: "interesse de uma classe-sujeito". Negligencia-se tanto o papel do econômico quanto o próprio papel da instância jurídica. Aquele aparece, inclusive, como um campo inerte acionado pela classe-sujeito.[266] E a ligação entre o econômico e o jurídico opera-se, ainda que relativamente às condições oferecidas pela base, exclusivamente por meio de uma certa vontade todo-poderosa.

5.1.2 O economicismo

Já o economicismo demonstra o jurídico de outro modo. Esta é a maneira mais comum como os teóricos apresentam a teoria marxista.

---

[264] MOTTA. *O homem, a sociedade, o direito, em Marx*, p. 95.
[265] POULANTZAS. *Hegemonía y dominación en el Estado moderno*, p. 137.
[266] POULANTZAS. *Hegemonía y dominación en el Estado moderno*, p. 137.

Manifesta-se como uma teorização supervalorizadora do econômico como fonte de explicação dos fenômenos sociais. O direito aparecerá como simples epifenômeno, verdadeiro reflexo da infraestrutura. Um efeito ilusório e fantasmagórico servindo apenas para ocultar a realidade concreta.[267] Reduz-se o real à sua expressão econômica. Fora desse nível não há realidade, mas algo dela refletido, necessariamente falso. O economicismo de Stucka e Pachukanis é a doutrina jurídica aceita na antiga União Soviética antes de Vychinsky. Suas limitações são evidentes. Mostrando o direito como disciplina-reflexo das relações de troca entre possuidores de mercadorias, ele só poderá ser o direito burguês. Não há, portanto, direito de outra espécie, iniciando-se com o socialismo o processo de desaparecimento do fenômeno jurídico.

Trata-se de perspectiva teórica que se desinteressa pelo estudo dos demais níveis do modo de produção. O materialismo histórico transforma-se numa disciplina econômica e a teoria do direito numa teoria da economia jurídica. Fica olvidada a especificidade da instância jurídica sob o capitalismo. Se o voluntarismo não permite uma análise séria do grau de ligação entre o direito e o econômico, Pachukanis, ao considerar o direito (e o Estado) como uma ordem ou sistema de relações correspondentes às relações entre possuidores de mercadorias, situa-se em outra dimensão. À primeira vista, sua concepção permite estabelecer a relação do nível jurídico estatal com a base econômica. Entretanto, reduz, em verdade, o direito e o Estado a epifenômenos desta base. Rechaça, em relação ao direito, seu "caráter específico de sistema coerente de normas" e desconhece, assim, "totalmente sua autonomia relativa".[268]

5.1.3 A busca de novos caminhos

O voluntarismo e o economicismo, segundo Miaille e Poulantzas, constituem verdadeiros "desvios" teóricos, tal o modo como interpretam a filosofia materialista, desfigurando-a. Mas, pode-se perguntar: qual a importância dessas correntes teóricas? A intenção, ao enfocá-las, foi demonstrar como a tentativa de explicar a instância jurídica pode levar a erros, quando se despreza a especificidade desse nível. Este é um risco que o jurisdicismo não corre, porque se satisfaz em descrever o direito, revelando seu caráter de sistema normativo autonomizado, não se preocupando, porém, com sua explicação.

---
[267] MIAILLE. *Uma introdução crítica ao direito*, p. 71.
[268] POULANTZAS. *Hegemonía y dominación en el Estado moderno*, p. 15.

Poulantzas, com propriedade, identifica nas perspectivas mencionadas raízes de uma mesma problemática; a problemática do jovem Marx, abandonada pelo Marx maduro a partir de *A ideologia alemã*.[269] Na verdade, não quer Poulantzas afirmar que, deliberadamente, os pesquisadores ligados às duas correntes tenham se valido de uma certa interpretação da obra marxiana que privilegiou, de algum modo, as obras de juventude. Entretanto, nota-se nessas elaborações teóricas uma certa coincidência com o que se convencionou chamar de historicismo.[270] Trata-se de historicismo presente também nas teorizações de Lukács, *História e consciência de classe*, característico de uma primeira fase do pensamento de Marx. A consequência maior dessa filosofia é reduzir a estrutura social e a múltipla e complexa interação de seus níveis a um sujeito central que desempenha o papel de essência. Todo o resto apresenta-se como aparência, ou seja, como algo falso, fruto da astúcia maliciosa da história. Note-se que nas obras de juventude, Marx elabora uma crítica ao idealismo hegeliano, *materializando* as determinações históricas.[271] Porém, ficou, ainda, por algum tempo, prisioneiro do pensamento hegeliano. Tendo elaborado uma crítica a partir do modelo proposto por Feuerbach, fundamentou seu discurso nos "indivíduos concretos-homem genérico": a essência da sociedade. O lugar do espírito absoluto de Hegel é tomado por esse sujeito — o homem — da história. Apenas ele é real, o restante não passa de consequência do fenômeno da alienação.

---

[269] Miaille critica o *teoricismo* de Poulantzas radicado no fato de ele comparar o voluntarismo e o economicismo apenas a nível teórico, sem ressaltar contextos políticos distintos a partir dos quais esses *desvios* emergiram. Para Miaille o economicismo não é compreensível se não for colocado "nas condições concretas em que se desenvolveram simultaneamente as lutas da social-democracia alemã dos séculos XIX e, num contexto muito diferente, os acontecimentos que rodeiam o nascimento do jovem estado socialista soviético em 1917. As dificuldades e impasses da luta política levam a pensar que a evolução econômica conduzirá inelutavelmente à crise do capitalismo; para os bolcheviks do princípio do século, as formas de luta estão diretamente dependentes das condições econômicas que devem constituir, portanto, a única preocupação dos dirigentes soviéticos (...). Pelo que nos toca, o sistema jurídico torna-se um quadro em que só o conteúdo econômico nos interessa: a ciência do direito desaparece a favor de uma ciência econômica do direito". Já a escola de Vychinsky "substitui na URSS a escola de Pachukanis. As condições políticas da URSS dos anos trinta, o aparecimento da teoria do cerco capitalista, e do reforço do estado tornaram difícil a manutenção desta teoria, e mais operante a teoria da cultura proletária oposta à burguesia, portanto, do estado e do direito socialistas opostos ao direito capitalista" (*Uma introdução crítica ao direito*, p. 72-73).

[270] POULANTZAS. *Hegemonia y dominación en el Estado moderno*, p. 138.

[271] Segundo Marx, "a dialética de Hegel está de cabeça para baixo. É preciso invertê-la para descobrir na ganga mística o nódulo racional". Cf. ALTHUSSER. *A favor de Marx*, p. 75.

Ora, tanto no voluntarismo de Vychinsky quanto no economicismo de Pachukanis, essa abordagem estará presente. No voluntarismo o direito sofre uma "superpolitização", constituindo expressão (conjunto normativo) dos interesses da classe dominante: esta a classe-sujeito criadora das normas jurídicas. Já no economicismo aparecerá o econômico como nível-fenômeno-sujeito da história; o direito é emanação desse nível, constituindo um seu apêndice.

O "historicismo do sujeito" caracteriza-se pelo fato de que "os diversos níveis do conjunto da estrutura social, e suas relações, estão fundadas em sua origem genética por um sujeito criador da sociedade e princípio unilinear, em seu desenvolvimento, da história. Referidos níveis formam uma 'totalidade' na medida em que se supõe que são engendrados por um centro, constituindo todo nível uma *pars totali*, uma simples expressão desse sujeito central. Dito de outro modo, as diversas realidades sociais são consideradas como se tivessem um sentido conquanto manifestam, sob forma e aparências variadas, uma essência. São reconhecíveis aqui elementos característicos da teoria hegeliana, na qual o espírito absoluto ocupa o lugar do sujeito central. A absorção dessa problemática pelo marxismo aparece sob diversas formas: o sujeito pode estar representado pela 'classe social' ou pela 'práxis', ou também por um certo nível de estrutura social, neste caso pelo econômico".[272]

No âmbito jurídico, esse tipo de raciocínio subestima a especificidade da instância jurídica. Os juristas tradicionais não correm o risco de reproduzir este "historicismo", pois o direito é tomado por um a-historicismo que o define pelo seu modo de aparecer imediato. Daí o direito não ser de tal ou qual época e espaço determinados, assumindo tais e tais características, mas, simplesmente, um fenômeno jurídico geral. O positivismo enquanto saber, se, por um lado, não só assume, mas igualmente, reproduz a autonomia do direito, por outro, ao descrevê-lo e instrumentalizá-lo tecnologicamente, não consegue dar conta dessa autonomia. Através de conceitos como heteronomia e bilateralidade recíproca, o que se faz, em última análise, é caracterizá-lo como sistema de normas coercitivas, dependentes do acionamento do aparelho centralizado do Estado, e nada mais. Com isso, o próprio saber jurídico, defendendo a autonomia absoluta de seu objeto, socorre-se da noção de coerção. Neste ponto, por uma espécie de

---

[272] POULANTZAS. *Hegemonía y dominación en el Estado moderno*, p. 138.

inversão qualquer, o direito passa a ser definido pela sanção.²⁷³ Mas sanção oficial, do Estado detentor do monopólio da força, porque em sociedade outros sistemas normativos podem acionar, como o direito, mecanismos sancionatórios. A diferença, neste particular, é que esses mecanismos, difusos e pulverizados pelo corpo social, não estão centralizados à disposição do aparato estatal. Aparece aqui o direito substancializado: uma espécie de corpo particularizado, uma coisa-sujeito dotada de propriedades intrínsecas e trans-históricas impondo sua verdade ao corpo social e respondendo por sua ordem e segurança. Esta noção é o oposto daquelas vistas anteriormente — o voluntarismo e o economicismo jurídicos — em que o jurídico aparecia também como coisa (uma coisa ilusória e fantasmagórica para os economicistas; uma coisa-instrumento para os voluntaristas), mas, no entanto, como uma coisa-objeto, totalmente dependente, ou do econômico (circulação de mercadorias) ou da vontade de uma classe sujeito: algo comandado de fora.

Para Miaille, o raciocínio que vincula de modo mecânico o direito à sanção, o faz de modo errôneo. Isto acontece devido a dois equívocos. O primeiro é tomar a sanção como coerção, ou seja, como repressão; o segundo decorre da concepção de norma como imperativo (autorizante ou não).²⁷⁴ Quanto ao primeiro aspecto, Miaille argumenta, com propriedade, e o faz também Roberto Lyra Filho,²⁷⁵ que "um direito que se mantivesse só pelas sanções repressivas e, portanto, pela força não duraria muito tempo".²⁷⁶ Na verdade, se a instância jurídica de

---

²⁷³ Roberto Lyra Filho (*Para um direito sem dogmas*, p. 36) lembra que Kelsen "exprime a norma jurídica em tese: dada a não prestação deve ser a sanção. O dever jurídico é, então, conseqüência do estabelecimento (aspecto primário) de sanções. A isto não traz remendo a revisão egológica. De fato, Cóssio teria, aparentemente, alterado as coisas com a endonorma (dado o fato, deve ser a prestação por alguém obrigado, perante algum titular). Mas resulta claro que a prestação exigida se funda no recorte de normas e se coliga a Kelsen, através da perinorma conseqüente: dada a não-prestação, deve ser a sanção, pelo funcionário obrigado, ante a comunidade pretensora".

²⁷⁴ MIAILLE. *Uma introdução crítica ao direito*, p. 82 et seq. Sobre o conceito de norma jurídica como *imperativo autorizante*, cf. DINIZ. *Conceito de norma jurídica como problema de essência*. Também TELLES JR. *O direito quântico*: ensaio sobre o fundamento da ordem jurídica, Capítulo VI.

²⁷⁵ Segundo este autor "se a norma é vista como preceituação coercível, e nisto se acantona o direito inteiro, a regra é feita para a exceção, pois, das duas, uma: ou o ordenamento hermético e pleno não é suportado pela comunidade e tomba na ineficácia; ou é suportado e se pratica em 90% dos casos, como aplicação espontânea. Entretanto, a teoria tradicional do direito destaca, sobretudo, a aplicação contenciosa, como se esta fosse o paradigma da norma e o direito, em última análise, uma resultante da sanção prevista e aplicável". V. LYRA FILHO. *Para um direito sem dogmas*, p. 37.

²⁷⁶ MIAILLE. *Uma introdução crítica ao direito*, p. 85.

uma sociedade capitalista é constituída por um conjunto de normas sancionadas, elas o são não no sentido de normas garantidas pela força, mas no sentido de que são normas *tuteladas* pelo Estado. Toma-se a sanção, aqui, não como sinônimo de coerção-repressão, mas no sentido de que as normas jurídicas são sancionadas por um poder competente. Isto significa dizer que as normas são "estritamente regulamentadas". Posicionam-se conforme um sistema que prevê e regulamenta sua própria dinâmica por meio da criação de novas normas (as quais serão *sancionadas*). O direito contemporâneo é um direito em que a forma tem significação especial.

O segundo problema metodológico, apontado por Miaille, como visto, é o da tradução da norma jurídica como *imperativo*. Esse autor retoma a etimologia do significante norma, demonstrando, em suas raízes gregas, seu significado como *medida*; a norma jurídica não é uma obrigação, mas um instrumento de medida. Tal afirmação baseia-se, também, nas ideias de Marx sobre o "fetichismo da mercadoria": "daí, o valor das mercadorias passar pelo que não é, uma qualidade intrínseca dos objetos: sob a troca dos objetos dissimula-se uma relação social real; a que organiza a circulação das coisas por uma certa organização dos homens".[277]

O direito é um sistema de normas, unidades de medida para as relações entre pessoas. O direito ordena, distribui papéis, disciplina relações intersubjetivas. Como não é possível pensar a norma como um simples produto da inteligência racional, criada por homens anteriores a ela para a disciplina de suas múltiplas atividades, impõe-se explicar essa ligação indissolúvel entre a pessoa e a norma.

Miaille explicará o jurídico atual a partir das relações de circulação de mercadorias. Para ele, o fetichismo da norma e da pessoa oculta o fato de que as relações entre pessoas jurídicas são, em verdade, relações entre indivíduos concretos. Nesse sentido, o jurídico é a medida das relações sociais, e estas se expressam no sistema jurídico; a imperatividade das normas jurídicas nada mais é do que parte do imaginário. A ligação entre a *forma valor* e a *forma jurídica* (igualdade manifestada pelas noções fetichizadas de norma e pessoa) parece demonstrar que a imperatividade não reside na norma, mas nas relações reais por ela medidas. Eis por que Miaille define a instância jurídica como "o sistema de comunicação formulado em termos de normas

---

[277] MIAILLE. *Uma introdução crítica ao direito*, p. 89. "A mercadoria na esfera econômica tem o mesmo papel que a norma na esfera jurídica."

para permitir a realização de um sistema determinado de produção e de trocas econômicas e sociais".[278] Está-se a caracterizar o direito como forma específica e historicamente situada de disciplina das relações sociais. Esta é, na verdade, uma teoria da autonomia relativa da forma jurídica, concebendo as relações de produção como relações determinantes, em última instância, e as relações de circulação e distribuição de mercadorias como aquelas que constituem e reproduzem as relações legais.[279] O raciocínio está presente em vários autores além de Miaille. É o caso de Poulantzas[280] e mesmo, sob alguns aspectos, Foucault.[281]

Miaille retoma a ótica economicista de Pachukanis, e, relativizando-a, aceita as relações de produção como determinantes do jurídico, em última instância. Todavia, Miaille evita as consequências graves do raciocínio puramente econômico: a redução do objeto-direito à esfera econômica e a percepção do imaginário como fantasmagoria, ilusão e falsidade.

Já Poulantzas (numa segunda fase), após a revisão de teses anteriores, notadamente das desenvolvidas em *Nature des choses et droit*, começa, desde 1964, com os trabalhos que, mais tarde, formarão o volume *Hegemonía y dominación en el Estado moderno*,[282] a desenvolver a análise das formas jurídicas modernas a partir das relações de produção. Trata-se de análise que estará presente também em *O poder, o Estado, o socialismo*, quando se defronta com os múltiplos fatores que, num mesmo modo de produção, podem agir sobre o direito (os quais não

---

[278] MIAILLE. *Uma introdução crítica ao direito*, p. 91.
[279] SANTOS. *A criminologia radical*, p. 63.
[280] Referimo-nos aqui ao Poulantzas de *Nature des choses et droit*: essai sur la dialectique du fait et de la valeur. O pensamento deste autor sofreu sérias reformulações a partir de obras posteriores.
[281] V. FOUCAULT. *Vigiar e punir*: história da violência nas prisões, p. 172. "Muitas vezes se afirma que o modelo de uma sociedade que teria indivíduo como elementos constituintes é tomado às formas jurídicas abstratas do contrato de troca. A sociedade comercial se teria representado como uma associação contratual de sujeitos jurídicos isolados. A teoria política dos séculos XVII e XVIII parece com efeito obedecer a esse esquema. Mas não se deve esquecer de que existiu na mesma época uma técnica para constituir efetivamente os indivíduos como elementos correlatos de um poder e de um saber."
[282] Esse volume é constituído por textos elaborados por Poulantzas entre os anos de 1964 a 1967, e foram publicados, originariamente, em revistas como *Les Temps Modernes*, *New Left Review* e *Archives de Philosophie du Droit*. Note-se que *Nature des choses et droit* foi elaborado em 1964. Neste trabalho, Poulantzas ainda se prende a um certo economicismo, fruto de suas ligações, nesse tempo, com o pensamento de Lukács, além de outros como Goldmann. Este é o caso, também, do primeiro dos textos publicados no volume mencionado: "La teoria marxista del Estado".

podem ser conhecidos mediante a mera dedução da esfera das relações produtivas).

Nas relações de produção capitalistas pode-se encontrar um ponto de partida para a compreensão da forma, da funcionalidade e da autonomia, ou seja, da especificidade do jurídico nas sociedades contemporâneas. Nelas pode ser encontrada a base teórica a partir da qual será possível decifrar o universo jurídico, especialmente, porque aí radica o ponto nodal da explicação da emergência das características primeiras deste direito: o sujeito de direito individualizado e a liberdade e igualdade formais encarnadas num conjunto geral e organizado de princípios normativos abstratos.

Definindo as relações de produção como uma combinação articulada de alguns elementos — "o trabalho (o produtor direto), os meios de produção (objetos e meios de trabalho) e o não trabalhador (aquele que se apropria do trabalho excedente)"[283] — Poulantzas retoma Marx demonstrando que conforme a combinação entre os elementos constitutivos (das relações produtivas), temos relações sociais (políticas, jurídicas) distintas. A principal diferença, neste ponto, entre as relações capitalistas de produção e as pré-capitalistas (modos de produção asiático e feudal) é a separação entre o produtor direto e os meios de produção, constitutiva das primeiras. Ora, a não separação do produtor direto dos meios de trabalho vai dar origem a uma estrutura social em que os vários níveis — o econômico, o jurídico, o político — não existem enquanto tais, ou seja, esses níveis apresentam-se fundidos, amalgamados, não autonomizados (relativamente) um do outro, como atualmente.

No item referente ao imaginário jurídico, demonstrou-se que a autonomização do direito, além de real (a despeito de algumas correntes afirmarem o contrário), é historicamente recente; está intimamente ligada à progressiva consolidação do poder burguês, e não pode ser dissociada deste fato. Como Marx demonstra em *O Capital*, "a relação direta existente entre os proprietários dos meios de produção e os produtores diretos (...) é a que nos revela o segredo mais recôndito, a base oculta de toda a construção social".[284] No caso do capitalismo, a característica fundante é de, em face da separação do trabalhador direto dos meios de produção, os vários níveis constitutivos do modo de produção assumirem uma autonomia relativa, inaugurando uma

---

[283] POULANTZAS. *Hegemonía y dominación en el Estado moderno*, p. 151.
[284] POULANTZAS. *Hegemonía y dominación en el Estado moderno*, p. 153.

estruturação cuja compreensão só é possível através de múltiplas aproximações (dado o grau de abstração sempre crescente necessário para esta atividade cognoscitiva). Sob o capitalismo, todos os níveis ou instâncias se inter-relacionam, de tal maneira que o jurídico nasce dessas interligações complexas. Evidente que não é possível explicá-lo sem a remissão à análise do político, já que este, o Estado, não é mero registro da realidade social, mas, igualmente, seu produtor.

Aquela divisão entre o trabalhador direto e os meios de produção não será apenas absorvida pelo Estado, senão que ele, originariamente, a reproduzirá em sua ossatura institucional. Evidencia-se, pois, o jurídico e o político não como epifenômenos do econômico, mas enquanto condições para sua existência.

A análise da realidade jurídica, tomando-se como ponto de partida (e como ponto de partida, apenas) a esfera das relações de produção, oferece algumas vantagens teóricas adicionais. Não se explicará o direito apelando-se à realidade (única) do indivíduo concreto (sabe-se que essa posição, vale lembrar do jovem Marx e da noção de imaginário em Lukács, converge para o reconhecimento do direito apenas como efeito da alienação do ser-homem concreto). Com aquele itinerário, recupera-se a especificidade do jurídico, condição primeira para conhecê-lo sem reduzi-lo ou subestimá-lo enquanto força histórica, permitindo articular teoricamente o domínio do direito com o do político e, evidentemente, com o do econômico quando necessário (articulação esta ausente nos discursos tradicionais).

Aí se compreenderá o indivíduo, como sujeito de direito e dotado de igualdade e liberdades formais assegurados por um conjunto de normas relativamente autônomas e imprescindíveis para a reprodução (e constituição) do modo capitalista de produzir (as condições materiais de existência humana).

O direito contemporâneo encontra sua matriz mais remota no surgimento do "indivíduo desnudo", fundamento do trabalhador livre,[285] trabalhador desterritorializado, totalmente despojado dos seus meios de trabalho[286] que aparece com a progressiva e lenta derrocada do sistema feudal, constituindo elemento necessário do novo modo

---

[285] POULANTZAS. *Hegemonía y dominación en el Estado moderno*, p. 158.
[286] Nesse sentido, GÓMEZ. Estado e direito: algumas observações. *Economia & Desenvolvimento*, p. 46: "(...) a despossessão dos meios de produção por parte do trabalhador assalariado é acompanhada pela despossessão do controle direto dos meios de coerção física por parte do capitalista. Isso implica a emergência de um terceiro sujeito — as instituições estatais — detentor do monopólio da violência e, portanto, fiador coativo inerente às relações de produção... uma vez que pode invocar sua atuação em caso de 'desajuste'".

de produzir. O direito, pois, não é apenas regulador-disciplinador das relações mercantis entre possuidores de mercadorias. É, na verdade, co-constitutivo das próprias relações capitalistas de produção (sua funcionalidade, porém, transbordando o econômico, não é simplesmente dedutível[287] das relações de produção).

Podemos retornar, agora, ao problema da imperatividade do direito. Os juristas tradicionais apoiam-se sobre uma possível coercitividade do direito, como se ele constituísse apenas um conjunto organizado de enunciados normativos imperativos. Outros, como Miaille, pensam que a coerção não reside no direito mas nas relações sociais concretas que ele oculta.

Ora, o direito contemporâneo é constituído de normas sancionadas (no sentido de que são estabelecidas, reconhecidas ou tuteladas pelo Estado). Tanto o direito público como o privado em geral, ainda o direito internacional, são direitos *sancionados* pelas autoridades competentes. A presença do Estado é determinante. Entretanto, as relações de produção, o Estado e o jurídico co-constituem-se mutuamente, no sentido de que é impossível um (a materialidade histórica de um) sem o outro (sem a materialidade histórica do outro).

Assim como as relações de produção fracionam o organismo social através da compra da força de trabalho dos indivíduos livres e assalariados para, depois, submetê-los a um aparato disciplinar e normalizador, o Estado co-constitui esse fracionamento ao incorporá-lo à sua materialidade e ao garanti-lo via monopólio da violência legítima (e do exercício da guerra) e da produção do direito. O processo de articulação desses níveis é extremamente complexo e o objetivo do presente estudo não é explorá-lo.

Objetiva-se apenas colocar em evidência que se as normas jurídicas aparecem como imperativas, tal imperatividade não reside nelas (neste ponto, e apenas até aqui, concorda-se com Miaille), mas em todo o complexo articulado que permite ao Estado sancioná-las como única expressão admitida de direito. Ora, emerge aqui a problemática da *competência*, tão bem explorada por Marilena Chauí.[288] Não se trata de

---

[287] Segundo Ernesto Laclau (*Política e ideologia na teoria marxista*, p. 14), "nem todo conceito tem uma relação necessária com os outros. Não é possível, portanto, partindo de apenas um deles, reconstruir a totalidade do sistema". Nesse sentido, também Eduardo J. Viola (A problemática do Estado e do regime político: um ensaio desde a ótica da democracia política. *Cadernos de Ciências Sociais*, p. 34) pensa que "além das relações de produção capitalistas, outros tipos de determinações contribuem para determinar o caráter do estado"; neste caso, também do direito.

[288] V. CHAUÍ. *Cultura e democracia*: o discurso competente e outras falas.

captar o direito como o centauro de Maquiavel, meio fera, metade dócil, em que a primeira metade corresponderia ao uso da coerção-violência, e a segunda ao consenso-ideologia.[289]

A funcionalidade do jurídico decorre de três momentos analíticos, teoricamente distintos, embora concretamente imbricados: (i) *o momento individualizante das disciplinas e normalização*; (ii) *o momento da violência e da vontade geral*; e, finalmente, (iii) *o momento das lutas: conflito e confrontação*. Estes momentos interimplicam-se mutuamente.[290]

Já exploramos os dois primeiros momentos: as *disciplinas* operacionalizando uma tecnologia de poder do detalhe presente tanto nas relações de produção quanto no Estado; e a *lei*, enquanto encarnação da vontade geral que cimenta a nação ao mesmo tempo em que oculta o seu fracionamento, favorecendo as bases jurídicas necessárias para que esta atomização possa acontecer. No entanto, à lei, para que seja politicamente eficaz, não basta prescrever uma sanção-repressão. Deve estar organicamente ligada tanto às disciplinas como à violência. Às disciplinas no sentido de que ali é o lugar da normalização dos indivíduos, ao mesmo tempo em que é o solo originário do imaginário jurídico. E à violência porque, paradoxalmente, o mesmo processo que constitui o Estado (e, portanto, o jurídico-estatal) como encarnação da vontade geral, também favorece o exercício do monopólio da violência física legalizada. O Estado está acima dos indivíduos, materializando a unidade do povo-nação, e para servi-la pode, inclusive, utilizar-se da violência. A lei é vizinha das forças armadas e da polícia (esta incorpora o poder de guerra do Estado apenas em relação aos conflitos atomizados e controláveis juridicamente); o parlamento e o judiciário têm como pressupostos o monopólio da guerra e da violência. Foucault, privilegiando as disciplinas, a tecnologia de adestramento diluída capilar e molecularmente pelo campo social, e mostrando que esta ortopedia não é apenas ideológica (no sentido de abstrata e ideal) mas, principalmente física e corpórea, subestima o papel do Estado enquanto monopolizador do "exercício do terror".[291] Isto não acontecerá com

---

[289] Este é o posicionamento comum entre os intelectuais liberais. Assim se colocam, por exemplo, Mário Brockmann Machado e Joaquim de Arruda Falcão. Cf. FALCÃO. *Doutrina jurídica e regime político*, p. 5.

[290] Estes "momentos" devem ser vistos apenas como um artifício teórico que permite a continuidade de nosso estudo. "Momento", neste caso, assume o significado de elemento, ou fator.

[291] Foucault subestima o papel do estado enquanto terror, mas não o esquece. A respeito, v. Soberania e disciplina, *in*: *Microfísica do poder*. Também *História da Sexualidade*, 1: a vontade de saber, Capítulo V.

Poulantzas, que interligará a normalização à lei.[292] Afinal, Poulantzas percebeu que, em última instância, se o determinante do jurídico é o econômico — a esfera das relações de produção — a garantia última para o exercício da lei cabe ao aparato militar: sua função é garantir o uso da soberania tanto interna quanto externamente. Neste caso, o direito, enquanto materialização da unidade do povo-nação, é contemporâneo tanto das técnicas normalizadoras, como do monopólio da violência legal.[293] Estas duas esferas constituem condições indispensáveis para a sua funcionalidade. Daí decorre a sua imperatividade. Não se tratam de momentos isolados. Ao contrário, as duas esferas encontram-se estruturalmente imbricadas com um terceiro: o momento das lutas: conflito e confrontação.

5.2 A luta pelo direito[294]

A instância jurídica como espaço estratégico de confrontação entre classes, frações de classes sociais e grupos antagônicos é a síntese da dialética entre o momento da normalidade disciplinar e o da violência e da vontade geral.

Sob o capitalismo, a individualização é o modo próprio de constituir as classes sociais. Eis por que elas se mostram dinâmicas: não se fundam em mandamentos sagrados ou num código de nobreza hereditário, mas numa relação entre seres individualizados.

A divisão social do trabalho e as relações de produção fornecem o terreno a partir do qual as classes constituem-se, favorecendo uma relativa mobilidade: indivíduos distintos em classes distintas em distintos momentos. Essa mobilidade social inscreve-se no rol das práticas

---

[292] V. POULANTZAS. *O poder, o Estado, o socialismo*.
[293] José Maria Gomez (Estado e direito: algumas observações. *Economia & Desenvolvimento*, p. 45) parece acompanhar esse raciocínio. Para ele a eficácia (fala em "validade") do direito "não radica no puro signo legal, mas na força organizada do Estado, *ultima ratio* do poder político, quando fracassam seus outros meios".
[294] A primeira grande expressão teórica do direito como "espaço de luta" parece ter sido Jhering, quando reagiu contra a escola histórica. Revelou então Jhering que, ao contrário do que afirmavam Savigny e seus discípulos, o desenvolvimento do direito não era a produção espontânea e tranquila do *volksgeist*, mas o resultado de uma luta intensa e profunda que nunca termina. Só que a teleologia de Jhering não se libertou do idealismo característico do saber tradicional e sua luta é a dos indivíduos, ou agrupamento de indivíduos como instituições, para a conquista e garantia dos direitos individuais, aqueles direitos que a ideologia capitalista considerou supra-históricos. Escapou-lhe naquele momento de glorificação do jurídico como lugar de conquista da dignidade humana, a visão real e profunda da dialética dos grupos antagônicos que tendem ao poder. Cf. JHERING. *A luta pelo direito*.

da ortopedia social. Entretanto, se ela favorece o controle, o faz não como regra que possibilita a "ascensão" dos indivíduos de uma classe a outra, mas como simples hipótese.

Importa, todavia, captar as classes sociais como portadoras e agentes das lutas sociopolíticas. A sociedade não pode ser concebida como um corpo sem fraturas e sem conflitos. Estes, na verdade, são a própria matriz da história, o que nem sempre é reconhecido pelo saber jurídico tradicional, que tende a analisar o direito como um corpo-sujeito dotado de princípios axiológicos e enunciados normativos capazes de garantir a "ordem". A sociedade, concebida como ordem, só é vista como dotada de conflitos na medida em que estes são "disfuncionais" ou "anômicos". Ora, esta representação faz parte do próprio imaginário; reproduz a ideia da unidade social plantada conforme princípios legais do direito contemporâneo.

As lutas, presentes na esfera das relações de produção — o que o economicismo parece esquecer — também atravessam o Estado em sua materialidade institucional, manifestando-se de igual modo na instância jurídica. Esse tema foi tratado em outro lugar,[295] embora sem detectar, ainda, a especificidade do jurídico, de sorte que este, facilmente, diluía-se no político.[296] Naquele esboço de enfoque crítico da questão política do direito, procurava-se um fundamento de juridicidade nas lutas diretas travadas entre as classes e frações delas. Hoje, percebe-se que aquele entendimento era insuficiente. Ora, as lutas estão presentes no domínio jurídico, não de maneira direta, mas de modo mediatizado. As lutas atravessam o campo jurídico constituindo-o e ultrapassando-o ao mesmo tempo.

Poulantzas demonstra como as relações de produção constituem, igualmente, relações de poder. O poder, não se concentrando apenas nos aparelhos de Estado e na lei, os ultrapassa em muito. Entretanto, se a luta não está ausente do econômico, é porque ela também não se ausenta dos aparelhos materializadores das relações que o constituem. Eis, então, a fórmula poulantziana: o "poder só existe materializado em aparelhos", os quais não são necessariamente aparelhos de Estado.

Todo aparelho é uma materialização de uma relação de forças. É fruto de uma relação assimétrica de poder. As lutas não são exteriores às instituições — hospital, prisão, fábrica: *locus* de uma microfísica

---

[295] Referimo-nos ao nosso opúsculo: *O direito em relação*.
[296] Como José Maria Gómez, compreendemos a instância jurídica como um nível com pertinência política. Isso, entretanto, não impede o direito de se manifestar com uma materialidade e autonomia, as quais fornecem a base de sua especificidade.

do poder — estudadas pela genealogia do poder. Ao contrário, são o fundamento e a objetividade dessas instituições, uma condensação dessa relação de forças.

O Estado, enquanto aparato centralizado e burocratizado, além de outras funções, desempenha o papel primordial de organizador do bloco no poder e de atomizador da organização popular. No desempenho dessa função, recupera as relações de poder, de modo a dotá-las de um pertencimento de classe. Eis por que a relação homem-mulher, por exemplo, reproduz a dominação proprietário-trabalhador assalariado, embora não seja redutível a ela. O Estado, portanto, embora se "aproprie" de todo poder — como se este fosse assim, quantificável, apropriável e não relacional — tende a organizá-lo.

Para tal escopo, a utilização do universo jurídico é indispensável. O direito contemporâneo é parte constitutiva do Estado.[297] Não há Estado sem juridicidade. Com isso não se pretende afirmar que o direito seja apenas o direito do Estado ou que findo o Estado não restaria vivo também o direito. Apenas afirma-se que o direito é parte constituinte do Estado. Aparece como uma região própria do espaço jurídico-político desta ou daquela formação social. Como o Estado, esse direito não está à margem das relações sociais, mas comunica-se com elas.

Trata-se de ótica que desmitifica a concepção positivista segundo a qual o jurídico é a ordem exterior à sociedade, imune aos seus conflitos, sendo o direito exatamente o remédio para tais conflitos. Este discurso, compreendido enquanto parte do imaginário, substancia o aparecer jurídico elevado ao *status* de teoria.

Na verdade, o direito, do mesmo modo que mantém a coesão do Estado social, fragmenta-o, instaurando o reino dos sujeitos individualizados de direito e permitindo (ocultando e facultando) a emergência da república das disciplinas. Isso desfavorece a organização das classes populares, mas, organiza as classes dominantes, que, fisicamente, encontram-se presentes nos aparelhos de Estado. Como, porém, os indivíduos são criação das normalizações e da lei, e como estas estão concentradas em aparelhos materializados de relações de força, compreende-se que tanto estes são impensáveis sem a luta, como também os indivíduos são o modo de constituir-se das classes sociais, sob o capitalismo.

Isso explica a proximidade do direito com as relações de poder; ao mesmo tempo em que o direito oculta o conflito e o desestimula, é

---
[297] GÓMEZ. Estado e direito: algumas observações. *Economia & Desenvolvimento*, p. 43.

atravessado por ele. Esta colocação é de extrema pertinência quando se percebe que as teorias convencionais identificam o jurídico, seja como um corpo-sujeito que "governa" a sociedade — esta é a concepção tradicional — seja como um corpo-objeto, mero instrumento de dominação sujeito às determinações da vontade das classes dominantes. Trata-se de óticas redutoras, pois privilegiam exageradamente a autonomia do direito, ou a esquecem.

As individualidades e a lei — enquanto encarnação da violência física e da vontade geral do povo-nação unificados — são materializações específicas das relações de poder. Eis por que o direito, além de mediação única, é também um terreno, uma arena de lutas[298] que não exclui as minorias e as classes populares. As lutas, as confrontações agem moldando e transformando o direito. Não fosse assim, de que maneira seria possível explicá-lo nos Estados capitalistas de exceção? Nas ditaduras militares, no fascismo, no estatismo totalitário? O jurídico é, como o Estado, uma "condensação material de uma relação de forças entre classes e frações de classe".[299] Nessa materialidade, encontra-se tanto o direito como mediação de conflitos, ao organizar as classes no poder e boicotar a organização das demais, como o direito enquanto arena de lutas e confrontações.

As lutas consolidam o terceiro "momento" ou polo de sustentação da eficácia política da juridicidade. O direito é parte constitutiva do Estado que o sanciona. Esta *sanção*, ato jurídico-político, sintetiza a presença do Estado na lei e garante o seu cumprimento. Não se deve esquecer que por trás dessa sanção estão: (i) as disciplinas (normalização); (ii) o signo legal (violência legítima; a força das armas e a soberania popular — a vontade geral); e (iii) as lutas.

Pode-se perguntar: de que modo as lutas contribuem para a eficácia política do direito? A resposta não é difícil. E formulando-a, explica-se a "imperatividade" da norma jurídica. Se a norma não é um imperativo e se a imperatividade não reside nas relações sociais que o direito disciplina, nem no puro signo legal, onde estará?

A norma não é imperativa, embora o seja o jurídico enquanto um dos níveis da formação social. Essa imperatividade radica na sanção da lei, e não na prescrição normativa da repressão à sua hipotética violação, pois se assim não fosse estar-se-ia negando a pertinência jurídica do

---

[298] GIMÉNEZ. *Ideología y derecho*: perspectivas para un análisis sociológico del discurso constitucional. O autor baseia-se em THOMPSON. Modes de domination et revolutions en Anglaterre. *Actes de la Recherche en Sciences Sociales.*

[299] POULANTZAS. *O poder, o Estado, o socialismo.*

direito constitucional[300] e do direito internacional. No momento em que o Estado sanciona a lei, ele a garante.[301] Neste ponto, é importante lembrar que, para garanti-la, o Estado utiliza de todo o seu aparato judiciário e administrativo. Em último caso, lança mão do exercício da violência, embora nunca contra ele,[302] fazendo uso, muitas vezes, da ilegalidade (razão de Estado) para manter as relações de força conforme certa lógica (sintetizada na legalidade).

Enquanto as classes dominantes encontram-se, fisicamente, nos aparelhos de Estado, as classes subalternas se fazem presentes de modo mediatizado. Suas lutas incorporam-se ao Estado, inscrevendo-se em sua ossatura institucional, embora não se esgotem aí.[303] Ora, o Estado, embora organizador do bloco no poder, mantém certa autonomia em face desta ou daquela parcela social. E esta ou aquela fração da classe dominante não possui as mesmas contradições com as classes populares. Se a materialidade do Estado resulta da condensação de uma relação de forças,[304] nesta relação não apenas se incluem as diversas frações de capital, como também as classes trabalhadoras. A estratégia do bloco no poder frente às lutas populares responde a estas lutas, e elas, em face de sua múltipla articulação com os interesses díspares das diversas frações no poder, fomentam as contradições entre esses interesses. A política a ser seguida, pelo Estado, resulta tanto das relações de forças entre as frações das classes capitalistas, como também entre as classes populares. Deste mecanismo participa a juridicidade.

A juridicidade mostra-se como a expressão legítima da nação organizada legalmente. Como o correto, o competente, o natural; como

---

[300] Especialmente nos países que não admitem mecanismos de controle de constitucionalidade.
[301] Diz Lyra Filho que o direito "é respeitado e se pratica em 90% dos casos, como aplicação espontânea".
[302] A lei, como afirma certo autor, é "o código da violência pública. Sabe-se, historicamente, da repressão física praticada pelas diversas formas de poder político. O próprio 'estado de direito' que exige a lei como freio de certas manifestações da violência do poder, não deixa de fazer uso do mesmo dispositivo legal para organizar o campo repressivo do estado e instituir as 'proibições, obrigações e permissões'". V. GÓMEZ. Estado e direito: algumas observações. *Economia & Desenvolvimento.*
[303] "As lutas políticas desencadeadas sobre o estado não estão, tanto como qualquer luta frente aos aparelhos de poder, em posição de exterioridade frente ao estado, mas derivam de sua configuração estratégica: o estado, como é o caso de todo dispositivo de poder, é a condensação material de uma relação". V. POULANTZAS. *O poder, o Estado, o socialismo*, p. 166.
[304] Também Eduardo J. Viola (A problemática do Estado e do regime político: um ensaio desde a ótica da democracia política. *Cadernos de Ciências Sociais*, p. 37) pensa assim: "(...) o Estado é arena de luta de classes, ou seja, em seu interior as distintas frações das classes dominantes e as classes subalternas lutam por influenciar e/ou controlar seus múltiplos centros decisórios. Nesse sentido, as lutas das classes subalternas têm efeitos específicos sobre o Estado, acarretando que determinadas de suas intervenções lhes sejam favoráveis".

o conforme à razão. E, por uma inversão ideológica, fixa-se o racional — a lei — como o justo. Ora, mas para que realmente o jurídico apareça como expressão do justo, deve em muitos casos, efetivamente, sê-lo. Sobre isso, Thompson afirma: "A condição de eficácia do direito (...) é a de que se manifeste como independente de manipulações grosseiras e pareça justo. E não pode aparecer como tal sem manter sua própria lógica e seus critérios de eqüidade: mais ainda, sem ser às vezes realmente justo".[305]

Essa "justiça" não é criação hipócrita do imaginário, algo como uma fantasmagoria criada por um artifício qualquer, mas é fundamento da eficácia contraditória do direito. Nasce como uma condensação de relações de poder, traduzindo-se como materialização de compromissos provisórios entre as classes populares e as classes dominantes. Algo que se fixa como "conquistas" das classes subalternas, modificando, de certa maneira, as relações assimétricas de poder, e assegurando um maior equilíbrio para elas. Pois bem, essas "conquistas" são a objetivação de lutas que, deste modo, contribuem, provisoriamente — assim como as individualidades, o monopólio da violência e a vontade geral do povo-nação unificados — para a funcionalidade do sistema jurídico.

Em suma, deve-se entender a instância jurídica do Estado contemporâneo como uma "condensação material e específica de uma relação de forças" que se expressa como mediação, por meio de normas jurídicas, princípios e valores, e como espaço de confrontação — lutas: imposição de novos valores e normas jurídicas; novos compromissos — entre classes e frações. O direito contemporâneo é, pois, um espaço de mediação e de luta entre forças antagônicas e conflituosas.

Esta percepção, ao mesmo tempo em que não destrói a especificidade do jurídico, não a exagera. Com isso, fixa-se a não exterioridade do direito às relações sociais, percebendo-se sua ligação com o político e com o Estado.

Como se vê, a articulação teórica indissociável dos movimentos e da prática emancipatórias é não só possível, mas indispensável, possibilitando o renascimento de um pensamento teórico jurídico em busca do que Marilena Chauí chamou de "a dignidade política do direito",[306] que é, ao mesmo tempo, a busca da dignidade teórica do saber jurídico.

---
[305] V. GIMÉNEZ. *Ideología y derecho*: perspectivas para un análisis sociológico del discurso constitucional, p. 100.
[306] V. CHAUÍ. Roberto Lyra Filho ou a dignidade política do direito. *Direito e Avesso – Boletim da Nova Escola Jurídica Brasileira*, p. 21.

CAPÍTULO 6

O SINGULAR E O PLURAL

6.1 Redefinir o direito

Tratou-se, nos capítulos anteriores, da condição histórica do sistema jurídico contemporâneo a partir da problemática de sua inserção no domínio sócio-político das relações assimétricas de força. Alguns pontos foram especialmente enfatizados. Em relação à estatalidade o positivismo não se engana: o lugar do jurídico não se distancia do lugar político-estatal. Mas, ao mesmo tempo, utilizando-se de alguns deslocamentos teóricos complexos, nega pertinência política ao direito, neutralizando-o. A juridicidade passa, então, a ser descrita fenomenicamente, mas de maneira que, identificada com a norma legal, o saber jurídico daí não se afaste. Este é caminho metodológico do normativismo, seja em sua clássica expressão formalista,[307] seja em suas manifestações de concreção, no contexto do pensamento culturalista.[308] É também a via apontada pelos diferentes sociologismos positivistas.

A tentativa de recuperar o político para o direito é a proposta epistêmica mais interessante, embora ambiciosa, do pensamento crítico voltado para o "jus". Não se trata de fazer nova teoria jurídica com pretensão de substituir as escolas jurídicas tradicionais. Do contrário, procura-se criar renovada dimensão para o discurso jurídico, de tal modo que, além das preocupações instrumentais, possa ele conhecer o seu objeto como algo inserido na história.

---

[307] KELSEN. *Teoria pura do direito*.
[308] REALE. *O direito como experiência*. V. Também o pensamento coelhano da fase inicial, que se revela em *Teoria da ciência do direito*, e na 1ª edição de *Lógica jurídica e interpretação das leis*.

É certo que parte dos modernos jusfilósofos incorporam às suas análises o universo dos valores. É o caso do culturalismo hispânico e brasileiro. Entretanto, fazem-no de tal modo que os valores do direito aparecem como dados a legitimar a condição de ordem positiva imperante. Assim, Reale situa uma série deles (segurança, justiça)[309] como integrantes da ordem jurídica. Valores que aparecem, muitas vezes, como imutáveis.

Nos anos oitenta do século passado, viu-se reacender, no Brasil, uma busca jusnaturalista de paradigmas conceituais instituintes, procurando devolver ao direito a sua dimensão política. No entanto, se atitudes dessa natureza foram importantes na fase histórica pré-constituinte, no nível teórico, acabam contribuindo, como lembra Leonel Rocha, para uma certa mesclagem conceitual que, em última análise, reforça o 'senso teórico' dos juristas e o seu formalismo juridicista.[310]

Porém, outras propostas têm aparecido, reincorporando ao domínio jurídico a preocupação com a sua explicação histórico-política. Nota-se, igualmente, o renascimento de reflexões relativas à justiça, notadamente por conta dos direitos humanos e da luta reivindicatória de grupos minoritários, oprimidos e incorformistas, bem como a dos grupos marginalizados do Brasil em busca da afirmação de novos direitos.

Alguns fatores contribuíram para isso: a percepção dos juristas da fraqueza epistêmica e política de seus discursos, a revalorização do direito por parte dos cientistas e filósofos políticos, e também a redescoberta da especificidade do direito por análises mais atuais da filosofia marxista que antes o olvidavam. De outro lado, contribui para isso, igualmente, a coloração jurídica que as várias manifestações reivindicatórias vêm assumindo.

Para a redefinição do saber jurídico, o diálogo entre juristas, filósofos, sociólogos e cientistas políticos é de singular importância. Parcela significativa dos juristas brasileiros tem aceitado o diálogo interdisciplinar. Mas a preocupação com a reelaboração do discurso jusfilosófico não é apenas de ordem acadêmica. Ao tempo em que se investiga o fenômeno jurídico em todas as suas dimensões cognoscíveis, compreendido num contexto interdisciplinar, procuram-se bases sólidas para transformá-lo. A questão da transformação emancipatória, nesse particular, é claramente assumida pela nova filosofia do direito.[311]

---

[309] A respeito disso, v. COELHO. Da ideologia do direito à ontologia do social. *Seqüência*, p. 67.
[310] ROCHA. Crítica à teoria crítica do direito. *Seqüência*, p. 122.
[311] LYRA FILHO. *Direito do capital e direito do trabalho*, p. 35.

6.1.1 Virar o direito do avesso

É o caso de Roberto Lyra Filho. O jurista, basicamente, propõe renovada visão do jurídico, articulando duplo processo; pelo primeiro se dissolvem "as imagens falsas ou distorcidas que muita gente aceita como retrato fiel"[312] do direito; em seguida, constrói-se uma ontologia jurídica enquanto teoria da essência e do conteúdo de seu objeto.

Essa busca da essência do direito, segundo o filósofo, não implica cair no reino metafísico da explicação dos fenômenos através do apelo a certas fórmulas idealistas e a-históricas. Lyra Filho critica esse tipo de idealismo, para captar o *eidos* da juridicidade (valendo-se da filosofia de Lukács) como um "processo histórico em devenir". Um processo em marcha permanente e em direção progressista, expressão do caminho histórico do progresso libertário da humanidade.

Para a construção de seu pensamento, o autor persegue dois caminhos: "Ninguém pode negar que o direito se inscreve na órbita dos fenômenos humanos e sociais, e assim logo se apresenta, quando o buscamos nas suas manifestações empíricas. A primeira vertente é, portanto, sociológica. Por outro lado, há viva e longa tradição de pensar o Direito em sua essência, que os fenômenos sociais apenas dinamizam e patenteiam. A segunda vertente é, em conseqüência, ontológica e filosófica".[313]

A teoria procura, literalmente, virar o direito do avesso, enriquecendo o processo de revisão do saber jurídico, provocando discussões férteis e polêmicas capazes de realimentar a dimensão política do direito. Entretanto, muitas vezes, o que ela pensa tratar-se de superação dos "vícios" tradicionais, pode não passar de fórmula alternativa de apreensão do jurídico.

Lyra Filho ensaiou elaborar uma releitura total da juridicidade, enquanto saber e enquanto realidade social, procurando desenvolver uma visão do direito que: (i) o liberasse da "camisa de força" legal, desvinculando-o, portanto, o mais possível, do Estado; (ii) que superasse o dualismo direito positivo-direito natural, integrando-os em "suas faces aproveitáveis" no processo dialético do direito, e (iii) repensasse a justiça, integrando-a, também, como realidade, ao devenir jurídico, encontrando aí, precisamente, o critério de avaliação dos seus elementos válidos. A justiça, neste caso, se identifica com a "substância atualizada do direito", ou seja, com a "quota de libertação alcançada em perspectiva progressista, ao nível histórico presente".[314]

---
[312] LYRA FILHO. *O que é direito*, p. 7.
[313] LYRA FILHO. *Problemas atuais do ensino jurídico*, p. 22.
[314] LYRA FILHO. *Problemas atuais do ensino jurídico*; LYRA FILHO. *O que é direito*.

É eloquente o sentido de engajamento emancipatório da teoria do direito, na versão de Lyra Filho. O cuidado com a libertação das classes oprimidas, a revalorização da temática da justiça, a releitura do direito identificando-o com a justiça historicamente alcançada, são fatores que só contribuem para a renovação do sítio da juridicidade. Entretanto, ela se afasta da temática da dominação por meio do direito. Antes, inverte a problemática procurando inaugurar outro direito a partir de peculiar ontologia, exigente, para sua emergência, do auxílio de alguns eixos teóricos questionáveis. São os seguintes: (i) o problema da essência como conteúdo; (ii) concepção da ideologia como falsa consciência, implicando o problema da "deturpação" da verdade essencial; (iii) subestimação do papel do Estado, entendido ontologicamente como o Estado das classes dominantes; e (iv) também a ideologia da linearidade histórica, cujo conteúdo é a tese algo evolucionista do progresso permanente.

Cumpre entender tais eixos não como algo negativo que, eventualmente, possa macular ou corromper as suas contribuições teóricas, mas como pontos que reclamam atenta análise, embora designem opções teóricas e conceituais vinculadas a uma estratégia global, consciente e politicamente engajada.

Na teoria dialética do direito encontra-se algo de historicismo. Se em Pachukanis o historicismo aparece sob uma forma economicista — as relações de troca são o sujeito da história — e, em Vychinsky sob forma voluntarista — a vontade das classes dominantes faz a história —, em Lyra Filho emerge sob uma forma peculiar e quase imperceptível: a história do direito é a história da libertação das classes oprimidas. São estas classes que constroem o direito, já que ele nada mais é do que uma quota alcançada, historicamente, de "liberdade conscientizada".

A problemática historicista está presente, por exemplo, no problema da essência. Como o jovem Marx procurou a essência da realidade, encontrando-a no homem-indivíduo-concreto, único ser real, Lyra Filho, ao procurar a essência do direito, a encontrou na liberdade, único conteúdo possível para a juridicidade.

Esse conteúdo do direito é alavanca que permite criticar os discursos tradicionais preocupados apenas com a forma do jurídico. Tais discursos, em sua ótica, devem ser abandonados e substituídos por formações discursivas dialéticas que se ocupem em determinar o conteúdo explícito do direito. Este conteúdo, o conteúdo do "direito autêntico", somente será encontrado, em sua essência, uma vez superados os condicionamentos ideológicos que os identificam simplesmente com a lei. A ideologia, então, encarada como signo paradigmático da deturpação do real — uma deturpação que carrega parte da verdade — deve ser ultrapassada. Exemplos típicos dela seriam o positivismo e o jusnaturalismo. Este, por pensar o direito em termos ideais e abstratos, fornece certos critérios de avaliação da juridicidade, mas se mostra impotente frente ao poderio do Leviatã. E o positivismo por pensar o direito apenas enquanto direito positivo acaba sendo a própria emanação do poder estatal.

Procurando superar a antinomia direito positivo-direito natural, Lyra Filho fornece bases conceituais originais para outros rumos de pesquisa jurídica, mas não explica o papel do direito positivo nas formações sociais contemporâneas. Recusa-se a captar sua condição histórica e o toma como efeito de um tipo de saber ideológico, o positivismo.

Seu pensamento decorre de uma especial concepção do papel do Estado nas sociedades capitalistas. Concepção do Estado que o aprisiona, sem mais, à vontade das classes dominantes — o Estado é o mal; expressão da vontade dos exploradores. Desaparece, pois, a especificidade e a funcionalidade do Estado nas sociedades contemporâneas, as quais não se exaurem, de modo geral, na dimensão economicista da sociedade burguesa. Segundo o jurista: "para uma concepção dialética do direito, teríamos de rever, antes de tudo, a concepção dialética da sociedade, onde o estado e o direito estatal são, a bem dizer, um elemento não desprezível, mas secundário".[315]

Com efeito, para a teoria dialética, "o direito não se fixa no estrito formalismo legal, não podendo ser isolado em campos de concentração legislativa, pois indica os princípios e normas libertadoras, considerando a lei um simples acidente no processo jurídico, e que pode, ou não, transportar as melhores conquistas".[316]

Aqui radica uma ótica histórica identificada com certa crônica do progresso da humanidade. A única essência (conteúdo) do direito é a libertação, e a história da humanidade caminha nesse sentido, num processo em que a síntese é uma quota de libertação conquistada. Esta é o direito último, a justiça atual, o critério de avaliação da juridicidade legítima dos vários elementos que, como as normas estatais, apresentam-se como jurídicos. O direito, então, é um só: o processo jurídico onde se desenvolvem as lutas sociais do homem. Parece-nos, porém, que somente a história, vale dizer, a correlação de forças imperante em dado contexto histórico poderá alterar o *eidos* atual da juridicidade.

---
[315] LYRA FILHO. *O que é direito*, p. 65.
[316] LYRA FILHO. *O que é direito*, p. 11.

Se o direito no momento é identificado com a normação positivada-sancionada pelo Estado de modo prevalente, isto não se deve ao positivismo deturpador dos juristas, mas às bases político-sociais que em dado momento isso exigiram. Na verdade, a teoria dialética nasceu para ser a expressão de uma escola jurídica, e deverá permanecer como uma "doutrina" (ou uma filosofia), uma brilhante doutrina, a oferecer subsídios para a luta pelo direito, ao menos pelo direito mais justo, na esteira do jusnaturalismo.[317] Todavia, parece pecar enquanto discurso apto a explicar o direito contemporâneo (afinal não há que se procurar por um presumível conteúdo jurídico, senão verificar o que por ele se toma *hic et nunc*).

De qualquer modo, importa realçar não o que a teoria dialética deixou de ver no direito contemporâneo e capitalista — a ligação indissolúvel direito-Estado, por exemplo —, mas o que ela de fato resgatou: a problemática do direito justo, do direito extra-estatal e supralegal, da libertação das classes oprimidas, e a dos direitos humanos (embora sempre tomando, a nova escola, por essência da juridicidade, precisamente o que, para as correntes mais expressivas do pensamento crítico, constitui bandeira de luta para a transformação do direito).

Ora, a transformação da história opera-se pela própria história, ou seja, no plano concreto, no nível das relações de forças que dinamizam o tecido social, constituindo a própria materialidade do direito. Daí a necessidade de um saber que conheça o direito como ele é, como se apresenta em sua histórica concreção, para modificá-lo historicamente. As reconstruções ontológicas, neste caso, acompanharão as mutações históricas, e não o inverso.

6.2 Quem tem medo do plural?

Miaille demonstra a relativa fragilidade dos textos que procuram definir o direito pelo seu conteúdo, como uma substância dada, em transformação. Este é o vício do jusnaturalismo.

A questão no momento é captar a especificidade do direito contemporâneo, conhecer seu modo atualizado de aparecer, bem como sua funcionalidade. Articulá-lo com as lutas travadas em sociedade,

---

[317] Cremos que a teoria dialética pode funcionar na sociedade capitalista do mesmo modo que os direitos humanos e o jusnaturalismo, ou seja, como "arma de luta". Não há dúvida, porém, de que numa sociedade democrática e igualitária, onde as contradições essenciais tenham sido eliminadas, seria um exemplo de teoria jurídica superadora do normativismo formalista, relevando os direitos supralegais.

em todos os níveis, reconhecendo sua ligação, particularmente, a partir das revoluções liberal-burguesas, com o Estado. Isso não significa cair no imobilismo, mas ao contrário, integrar o saber ao processo histórico, aceitando ser a teoria inócua, se distanciada da práxis.

Dizer *o que é o direito* é compreendê-lo enquanto localizado espaçotemporalmente. O que significa compreender sua flutuação histórica e a possibilidade de sofrer transformações.

Claude Lefort[318] compreende os direitos humanos como uma política, um instrumento de luta ligado a outro mais amplo: a política de invenção democrática. Processo contínuo de aprofundamento da democracia, no sentido de consolidar a defesa dos direitos positivados ao lado da reivindicação incessante de novos direitos. A sociedade democrática é aquela que não apenas garante os direitos individuais e coletivos historicamente conquistados, mas também os promove. Se os direitos humanos, eventualmente, não integram o direito positivo, eles são, todavia, sempre, a expressão de uma política que visa invadir o espaço jurídico impondo conquistas, direitos, situações: "(...) enfim, não se vê que sob o impulso desses direitos a trama da sociedade política tende a modificar-se ou aparecer cada vez mais como modificável?"[319]

Esta percepção não se encontra nos discursos jurídicos tradicionais. Preocupam-se, estes, em reconstruir o sentido da lei, em instrumentalizá-la, mas perdendo a noção de sua inserção histórica e da luta cotidiana de libertação, do reclamo de novos direitos individuais e coletivos que ocorrem no meio societário. A luta cotidiana parece ser, para alguns juristas, uma luta muda, multiforme, insignificante; distante da realidade do direito.

É necessário levar a sério a luta jurídico-política cotidiana, "interpretar, elevar à reflexão uma prática que não é certamente muda, mas que, necessariamente difusa, ignora seu alcance na generalidade do social e cujas formações políticas não podem, por natureza, extrair a verdade, que elas se empenham somente em utilizar e, em parte, não sem sucesso em desarmar".[320]

Essa reflexão não impedirá de conhecer o direito como ele, modernamente, se apresenta; apenas recupera a "noção dos direitos" como um caminho para, modificando o jurídico — o que significa conhecê-lo e reconhecê-lo como espaço poroso, absorvente, receptivo, de lutas —

---
[318] LEFORT. Direitos do homem e política. *In*: *A invenção democrática*, p. 37.
[319] LEFORT. Direitos do homem e política. *In*: *A invenção democrática*, p. 59.
[320] LEFORT. Direitos do homem e política. *In*: *A invenção democrática*, p. 59.

favorecer bases teóricas para uma visão globalizante e comprometida politicamente com a história. Também Miaille[321] releva o alcance teórico e político dessa perspectiva. Deveras, o autor revalorizará o direito natural, todavia caracterizando-o não como *conhecimento* mas como *arma de combate*, impondo a ele uma função social de luta político-jurídica. Sua proposta não se distancia da de Weber, para quem "a invocação do direito natural foi sempre a forma através da qual as classes se revoltaram contra a ordem estabelecida", conferindo legitimidade jurídica à sua reivindicação de criar direito.[322] Nesse sentido, Miaille privilegiará os direitos humanos, em nome dos quais "são pedidas as transformações constitucionais, administrativas ou, em sentido mais lato, políticas".[323]

A busca do novo, do instituinte, traduz-se na articulação, pelo saber jurídico, do singular com o plural: do direito com os direitos. É o plural a nota significativa a exigir a mímese do singular. E este, enquanto espaço de luta, é a corporificação transitória da relação necessária entre o singular e o plural. O singular historicamente só pode ser compreendido enquanto *singular e plural*, como instituído absorvente e em mutação. Entretanto, enquanto *singular e plural a um tempo*, o singular não perde sua especificidade; será sempre singular enquanto o modo de produção no qual se insere exigir um direito assim. Tal dimensionamento pode favorecer a criação de outros caminhos para o saber jurídico.

Entre os que exploraram novos caminhos está Bloch. Seu pensamento guarda algumas notas de originalidade.[324] Quanto ao direito posto, este autor segue as principais coordenadas do marxismo não crítico, anterior a Althusser, em muitos pontos assemelhado ao historicismo de Lukács. Percebe o direito como ideologia, como falsa consciência. Então, a "jurisprudência será entre todas as autonomias e frações do real imaginário, a única que morrerá, em lugar de sair liberada simplesmente do falso caráter ideológico".[325] Um certo historicismo

---

[321] MIAILLE. *Uma introdução crítica ao direito*, p. 265.
[322] MIAILLE. *Uma introdução crítica ao direito*, p. 265. O autor nos remete a FREUND. *Le droit d'aujourd'hui*.
[323] MIAILLE. *Uma introdução crítica ao direito*, p. 265. V., também, COELHO. Sentido crítico do "eterno retorno ao direito natural". *Seqüência*. Este autor evidencia o caráter renovador do discurso jurídico que resgata a *Ewiger Wiederkehr*, reivindicando novos direitos.
[324] Sobre Bloch, ver HABERMAS. Ernst Bloch: um Schelling marxista. *In*: FREITAG; ROUANET (Org.). *Habermas*. Também, nesse mesmo volume, as notas sobre Bloch na introdução dos organizadores da edição. Cf. ainda LÖWY. *Para uma sociologia dos intelectuais revolucionários*: a evolução política de Lukács (1909-1929), p. 282 (entrevista com Bloch).
[325] BLOCH. *Derecho natural y dignidad humana*, p. 184-208.

permanece, também, na fundamentação da forma jurídica — sujeito de direito, igualdade, liberdade — no mercado, como em Pachukanis. Nesse sentido, com a morte do sistema de exploração que impõe o direito, este, igualmente, encontrará seu fim.

Não obstante, há em Bloch a permanência de duas questões fundamentais: (i) a necessidade da formulação de um conhecimento apto a expressar a condição do direito capitalista positivo, com a sua; e (ii) consequente localização no universo espaço-temporal em que ocorre. Somente após o trabalho de elucidação do direito singular, é que se o articulará com os direitos instituintes.

Não há dúvida de que as teorizações vinculadas ao marxismo tradicional são insuficientes. Afinal, a forma jurídica contemporânea poderá ser superada com a derrocada do modo de produção capitalista, mas não o direito, que poderá assumir outras formas e conteúdo. Cumpre concordar com Bloch quanto à urgência de um saber que, conhecendo o seu objeto, exija, igualmente, a sua transformação.

É a base da articulação entre o singular e o plural que permite o resgate da face transformadora do direito, notadamente, a teoria dos direitos humanos, com suas fecundas implicações no pensamento político. Trata-se da associação entre o pensamento jurídico e as utopias sociais.

Assim como as utopias sociais foram a base sobre a qual se desenvolveu o materialismo histórico, o "socialismo científico", um pensamento tanto preocupado em interpretar o mundo como em mudá-lo, o jusnaturalismo, para Bloch, é a base sobre a qual se pode formular um direito fundante. Bloch mostrará que várias diferenças distanciam as utopias sociais do jusnaturalismo, mas ainda tantas semelhanças os aproximam, o que o autoriza a proclamar a necessidade de uma utopia jurídica.

As diferenças seriam as resultantes de, notadamente, três fatores: (i) quanto à época; (ii) quanto ao estatuto epistêmico que reclamam e, finalmente, (iii) quanto ao foco de incidência.

Enquanto o jusnaturalismo vem se manifestando, com regularidade, ainda que sob inúmeras formas, desde os gregos, as utopias sociais somente nasceram após a consolidação do capitalismo industrial e como crítica a ele (utopias anteriores formularam-se, mas não com esse alcance social: é o caso de Campanella e Morus). Depois, enquanto o jusnaturalismo reclama um estatuto de conhecimento *do que é*, apresentando-se como a verdade jurídica, as utopias sociais já nasceram sob o signo da proclamação da mudança, sem autolegitimar-se como saber monopolizador ou detentor da verdade única. Finalmente, enquanto o jusnaturalismo procura defender a *dignidade humana*, preocupando-se com os humilhados e ofendidos, as utopias sociais reclamam a *felicidade do homem*, procurando instaurar a idade de ouro e o fim dos explorados e espoliados.[326]

A lição de Bloch talvez indique um caminho para a constituição de um novo saber jurídico. Um saber inserido na historicidade, conhecedor do mundo e, voltando-se para o futuro, apto para formular conceitos teórico-práticos para mudá-lo. Um saber jurídico que, conhecendo o dado normativo, o explique historicamente, ao mesmo tempo em que, captando-o como resultante de relações de poder, promova e reclame a afirmação dos direitos à dignidade e felicidade humanas.

Para isso, deve-se recusar a pretensão ao monopólio da verdade jurídica e o propósito de apenas instrumentalizar o exercício da lei. A utopia jurídica deve comunicar-se interdisciplinarmente com os demais saberes e teorias jurídicas, manifestando um compromisso ético com os direitos politicamente conquistados, mas juridicamente não exigíveis, e com os direitos a conquistar para reclamar a mutação do *singular posto* através da promoção do *plural instituinte*.

6.2.1 Para concluir

A fim de melhor compreender o universo de nosso texto, convém esboçar a síntese de seus elementos, que resultam de duas preocupações básicas: (i) quanto ao aspecto epistêmico, a localização do saber jurídico na episteme contemporânea; e (ii) do ponto de vista teórico-político, a busca de um saber jurídico apto a compreender-explicar seu objeto.

6.2.1.1 Localizar epistemologicamente o direito

O jurídico atual nasceu sob o signo da cientificidade, de tal maneira que boa parte das teorias jurídicas não passa de discursos justificadores do estatuto teórico de suas *démarches*. O direito, então, é reconhecido como tal através de múltiplos deslocamentos que se socorrem desta ou daquela filosofia. Entretanto, em última análise, ele será definido conformando-se à prática jurisdicional. Percebe-se que antes de definirem *o que é o direito*, as várias teorias procuram monopolizar a afirmação do *que é de direito*. São, então, atividades tecnológicas auxiliares da prática jurisdicional, e não cognoscitivas (em sentido estrito).

---
[326] BLOCH. *Derecho natural y dignidad humana*, p. 184-208.

Estas teorias justificam-se como ciência, basicamente de duas maneiras:
i) Primeiramente, socorrendo-se epistemologia das ciências naturais — é o caso dos vários "sociologismos" — aí encontrarão os fundamentos para descobrir certo direito *dado* (pela natureza ou pela sociedade), o qual deve ser observado pelas normas técnicas (as leis) construídas. Neste caso, a ciência do direito seria uma sociologia jurídica, e o estudo dos textos legais constituiria espécie de técnica subordinada à primeira.

ii) A segunda maneira assume mais claramente o aspecto tecnológico, nascendo a partir da separação entre o reino de *ser* e o *deve-ser*, para proclamar a ciência do direito como uma disciplina do segundo sítio; uma ciência da norma. Desta concepção decorrem os posicionamentos lógicos de Kelsen, os deslocamentos ontológicos de Cóssio, e o tridimensionalismo de Reale.

Conforme o referencial epistemológico, estas teorias assumem esta ou aquela posição frente à dogmática. Assim é que para os primeiros a dogmática é simples técnica decorrente da ciência jurídica. Para os segundos, a ciência do direito é a ciência dogmático-jurídica.

Estas abordagens são severamente questionadas pela filosofia mais recente. Trata de pensamentos que, basicamente, identificam-se ao reclamar um novo estatuto epistêmico para o direito, de tal modo que este possa compreender-explicar o seu objeto, dizendo não propriamente o que é conforme a lei, mas *o que é o direito*.

Apontada crítica constituiu um passo decisivo para a transformação teórica do jurídico. Entretanto, como o normativismo em relação ao sociologismo, ela proclama a condição ideológica das teorias jurídicas dominantes, querendo para si o monopólio da verdade e da ciência. Ora, a arqueologia do saber proposta por Foucault demonstra a impossibilidade de o direito constituir ciência. Mesmo as ciências humanas estão impedidas, na *episteme* da era da positividade, de assumir um estatuto epistemológico similar aos estatutos da matemática e das ciências naturais. Nem por isso, o saber jurídico, assim como as demais ciências do homem, confunde-se com o império das opiniões e do senso comum. São um *saber*, disciplinas intermediárias entre o eixo epistêmico da filosofia e os eixos das ciências.

Em suma, o saber jurídico, diante da *episteme* contemporânea e segundo a tese de Foucault, está impossibilitado de assumir o estatuto de cientificidade. Os vários discursos jurídicos resultariam do acesso a este ou àquele eixo epistêmico, demonstrando a inexistência de um eixo próprio para o direito e ciências humanas.

6.2.1.2 Explicar-compreender o direito contemporâneo

O pensamento jurídico tradicional, de uma maneira ou de outra, muitas vezes reduz o campo de estudo do jurista. Assim acontece com as várias teorias sociológicas e normativistas. Estas, embora procurem fundamentos epistêmicos diversos, podem guardar algo em comum: o *positivismo*. O direito é apenas o direito positivo. Aqui, apenas, a forma teórica de *reconhecer* o direito difere.

Entretanto, este aspecto não resulta de nenhum condicionamento ideológico que, porventura, possa ser ultrapassado por uma crítica veemente, ou por um conhecimento "desideologizado". Na verdade, o positivismo é a forma através da qual o direito contemporâneo aparece. Este é um direito positivado.

O direito positivo constituiu-se como tal após longo processo, que primeiramente recepcionou o direito romano, para depois consolidar-se por meio de dois momentos: i) o momento da soberania do povo-nação; e ii) o momento da jurisdição e ciência.

A *lei* e a *normalização* são as duas faces de uma mesma rede, de uma mesma história, de um mesmo poder. A lei é a expressão da soberania, do geral, e do monopólio da violência física do Estado. A normalização é o sustentáculo cotidiano da lei; é o adestramento, a individualização, a face "normal" do poder, base da abstração universalizadora da juridicidade. Tanto os *aparelhos disciplinares* que funcionam sob o signo da normalização, como a lei, são a condensação de uma relação de forças. Soberania e disciplina estão intimamente ligados, sendo duas linguagens complementares para uma mesma relação de forças.

A forma jurídica contemporânea está estritamente ligada ao modo de produzir e reproduzir as condições de existência humana. O aparato produtivo funciona como um instrumento disciplinar e normalizador, tendo nascido após o surgimento do homem "desnudo", a partir do desmantelamento da economia feudal. Com o fim dos elos territoriais e pessoais, as relações de trabalho serão reguladas pela abstração da lei, aparecendo um homem que, sujeito de uma relação jurídica, é objeto da disciplina presente na fábrica. O homem é sujeito e objeto, a um tempo, de uma mesma rede de poder.

A relativa autonomia jurídica permite supor que a sua imperatividade reside na norma, assumindo esta o caráter de coercitividade.

Na verdade, sendo a norma apenas uma medida, nada pode impor. A imperatividade reside no ato sancionador-ratificador do Estado. Com este ato o Estado, enquanto materialização de uma relação de forças, sintetiza a articulação de três momentos analíticos: (i) o momento individualizante da disciplina e normalização; (ii) o momento da violência e da vontade geral; e (iii) o momento das lutas: conflito e confrontação. Os três momentos estão imbricados. Aparecem separados somente por razões pedagógicas. O momento das disciplinas é o do cotidiano que individualiza o homem sob o signo do que é normal ou patológico, sugerindo que a lei, o outro lado das disciplinas, é a norma, e seu desregramento admite punição. O segundo é o momento da violência e da vontade geral. O Estado, mostrando-se como representante da vontade geral, está acima dos indivíduos, podendo dispor da violência para a manutenção do interesse público. Eis por que o Estado monopoliza o exercício da guerra. Nesse sentido, só há lei e o legislativo, porque há o aparato militar.

    O terceiro momento é a face dinâmica dos dois primeiros. O momento das lutas: o direito é um espaço de luta. E, enquanto o *outro* das disciplinas, é também linguagem do poder. Este não é algo pronto e acabado, uma substância-coisa pronta a moldar o mundo. Antes, é uma rede. O poder não pode ser apreendido ou quantificado; é uma relação. E o direito enquanto sua linguagem é também a materialização de uma relação de forças. Com isso não é possível entendê-lo como repressão, pois é também, em maior ou menor grau, conquista, emancipação.

    O resgate da dimensão política do direito tem facilitado o nascimento de novas perspectivas para o conhecimento jurídico. Isso tem acontecido com a nova jusfilosofia brasileira. Trata-se da construção de um pensamento que, mantendo um compromisso ético com a dignidade da pessoa humana, promove a instituição do novo, a convocação da ideia constituinte.

    A ênfase nos direitos humanos; a associação entre os direitos humanos e as utopias sociais; a busca da instituição de novos direitos e a afirmação de outros tantos fundamentais; isso tudo permite supor o desenvolvimento de uma teoria que, compreendendo o *singular jurídico*, teoriza e afirma o *plural* — os direitos — como recurso teórico e prático indispensável para modificá-lo.

REFERÊNCIAS

AGUIAR, Roberto A. R. *Direito, poder e opressão*. São Paulo: Alfa-Ômega, 1980.

AGUIAR, Roberto A. R. *O que é justiça*: uma abordagem dialética. São Paulo: Alfa-Omega, 1982.

ALBUQUERQUE, José Augusto Guilhon. *Metáforas do poder*. Rio de Janeiro: Achiamé Socii, 1980.

ALTHUSSER, Louis. *A favor de Marx*. Rio de Janeiro: Zahar, 1979. Título original: *Pour Marx*.

ALTHUSSER, Louis. Aparelhos ideológicos de Estado. *In*: *Posições-2*. Rio de Janeiro: Graal, 1978.

ALTHUSSER, Louis. *Posições-1*. Rio de Janeiro: Graal, 1978.

ALTHUSSER, Louis. *Sobre o trabalho teórico*. Lisboa: Presença, 1978.

ALVAREZ, Alejandro Bugallo. *Pressupostos epistemológicos para o estudo científico do direito*. São Paulo: Resenha Universitária, 1976.

ARRUDA JR., Edmundo Lima de. *A função social das escolas de direito*: a (re)produção do saber em San Tiago Dantas. Dissertação (Mestrado) – PGD/Direito, UFSC, 1981.

ASSOUN, Paulo-Laurent; RAULET, Gerard. *Marxismo e teoria crítica*. Rio de Janeiro: Zahar, 1981.

BERTAGNOLI, Afonso. A doutrina política de Rousseau. *In*: *O contrato social*. Rio de Janeiro: Tecnoprint, [s.d.].

BESSA FILHO, Manoel. Resenha de Reencontro com Kelsen. *Seqüência*, Florianópolis, n. 5, p. 159, 1982.

BIELSA, Rafael. *Metodologia jurídica*. Santa Fé: Libreria y Editorial Castellvi S. A., 1961.

BLOCH, Ernst. *Derecho natural y dignidad humana*. Madrid: Aguilar, 1980.

BOURDIEU, Pierre; PASSERON, Jean-Claude; CHAMBOREDON, J. C. *Le métier de sociologue*. Paris: Mouton; Bordas, 1968.

CARDOSO, Mirian Limoeiro. *O mito do método*. Rio de Janeiro: Pontifícia Universidade Católica, 1971. Mimeografado.

CASTORIÁDIS, Cornelius. *A instituição imaginária da sociedade*. Rio de Janeiro: Paz e Terra, 1982.

CAVALCANTI FILHO, Theophilo. Papel desempenhado por fundamentos do direito na filosofia jurídica nacional. *In*: REALE, Miguel. *Fundamentos do direito*. São Paulo: Revista dos Tribunais, 1972.

CENTRE FOR CONTEMPORARY CULTURAL STUDIES (Org.). *Da ideologia*. Trad. Rita Lima. Rio de Janeiro: Zahar,1980.

CERRONI, Umberto. Conhecimento científico e direito. *In*: *Ciência do direito e sociologia jurídica*. Org. trad. e rev. de Noeli Correia de Melo Sobrinho, 1978. Mimeografado.

CHAUÍ, Marilena de Souza. Competência?. *Leia Livros*, São Paulo, ano 6, n. 57, maio/jun. 1983.

CHAUÍ, Marilena de Souza. *Cultura e democracia*: o discurso competente e outras falas. São Paulo: Moderna, 1981.

CHAUÍ, Marilena de Souza. *O que é ideologia*. São Paulo: Brasiliense, 1981.

CHAUÍ, Marilena de Souza. Roberto Lyra Filho ou a dignidade política do direito. *Direito e Avesso – Boletim da Nova Escola Jurídica Brasileira*, Brasília, n. 2, 1983.

CITTADINO, Gisele Guimarães. *Pluralismo, direito e justiça distributiva*: elementos de filosofia constitucional contemporânea. Rio de Janeiro: Lumen Juris, 1999.

CLARKE, John; CONNEL, Ian; McDONOUGH, Roisín. Identificação errônea de ideologia: a ideologia no poder político e classes sociais. *In*: CENTRE FOR CONTEMPORARY CULTURAL STUDIES (Org.). *Da ideologia*. Trad. Rita Lima. Rio de Janeiro: Zahar,1980.

CLÈVE, Clèmerson Merlin. Acerca do direito ao direito. *Seqüência*, Florianópolis, n. 5, 1982.

CLÈVE, Clèmerson Merlin. *O direito em relação*. Curitiba: Veja, 1983.

COELHO, Luiz Fernando. A crise do nominalismo na ciência jurídica contemporânea. *Seqüência*, Florianópolis, n. 1, 1980.

COELHO, Luiz Fernando. Da ideologia do direito à ontologia do social. *Seqüência*, Florianópolis, n. 6, 1982.

COELHO, Luiz Fernando. *Introdução à crítica do direito*. Curitiba: HDV, 1983.

COELHO, Luiz Fernando. *Introdução histórica à filosofia do direito*. Rio de Janeiro: Forense, 1977.

COELHO, Luiz Fernando. *Lógica jurídica e interpretação das leis*. 2. ed. Rio de Janeiro: Forense, 1981.

COELHO, Luiz Fernando. Positivismo e neutralidade ideológica em Kelsen. *Seqüência*, Florianópolis, n. 4, 1981.

COELHO, Luiz Fernando. Sentido crítico do "eterno retorno ao direito natural". *Seqüência*, Florianópolis, n. 2, 1980.

COELHO, Luiz Fernando. *Teoria da ciência do direito*. São Paulo: Saraiva, 1974.

CUNHA, Rosa Maria Cardoso da. *Notas sobre o Estado, o poder, o socialismo*. Rio de Janeiro, 1980. Mimeografado.

CUNHA, Rosa Maria Cardoso da. *O caráter retórico do princípio da legalidade*. Porto Alegre: Síntese, 1979.

DAVID, René. *Os grandes sistemas do direito contemporâneo*. Trad. de Hermínio A. Carvalho. 2. ed. Lisboa: Meridiano, 1978.

DILTHEY, Wilhelm. *Introducción a las ciencias del espíritu*. Trad. de Ilse Teresa M. de Brugger. Buenos Aires: Espasa-Calpe Argentina, 1948. 2 v.

DINIZ, Maria Helena. *A ciência jurídica*. São Paulo: Resenha Universitária, [s.d.].

DINIZ, Maria Helena. *Conceito de norma jurídica como problema de essência*. São Paulo: Revista dos Tribunais, 1976.

DURKHEIM, Émile. *As regras do método sociológico*. Trad. de Maria Isaura Pereira de Queiroz. São Paulo: Companhia Editora Nacional, 1963.

DUSSEL, Enrique. *Ética da libertação*: na idade da globalização e da exclusão. Trad. de Ephraim Ferreira Alves *et al*. Petrópolis: Vozes, 2000.

FALCÃO, Joaquim de Arruda. *Doutrina jurídica e regime político*. Recife, [s.d.]. Mimeografado.

FALCÃO, Joaquim de Arruda. *Justiça social e justiça legal*. Tese n. 18 da IX Conferência Nacional da OAB. Florianópolis, maio de 1982.

FAORO, Raymundo. O que é direito segundo Roberto Lyra Filho. *Direito e Avesso*, Brasília, n. 2, 1983.

FARIA, José Eduardo; MENGE, Cláudia Lima. A função social da dogmática e a crise do ensino e da cultura jurídica brasileira. *Dados*, Rio de Janeiro, n. 21, p. 87-113, 1979.

FERRAZ JR., Tercio Sampaio. *A ciência do direito*. São Paulo: Atlas, 1980.

FERRAZ JR., Tercio Sampaio. *Função social da dogmática jurídica*. São Paulo: Revista dos Tribunais, 1980.

FERRAZ JR., Tércio Sampaio. Hans Kelsen: um divisor de águas. *Seqüência*, Florianópolis, n. 4, 1981.

FERRAZ JR., Tércio Sampaio. Prefácio do Tradutor. *In*: *Tópica e Jurisprudência de Theodor Viehweg*. Brasília: Departamento de Imprensa Nacional, 1979.

FOUCAULT, Michel. A verdade e as formas jurídicas. *Cadernos PUC/RJ*, Rio de Janeiro, 1974. Série Letras e Artes 6/74. Caderno 16.

FOUCAULT, Michel. *As palavras e as coisas*: uma arqueologia das ciências humanas. Lisboa: Portugália, 1967.

FOUCAULT, Michel. *História da sexualidade*, 1: a vontade de saber. Rio de Janeiro: Graal, 1980.

FOUCAULT, Michel. Soberania e disciplina. *In*: FOUCAULT, Michel. *Microfísica do poder*. Rio de Janeiro: Graal, 1979.

FOUCAULT, Michel. *Vigiar e punir*: história da violência nas prisões. Petrópolis: Vozes, 1977.

FREUND, Julien. A sociologia jurídica de Max Weber. *In*: *Ciência do direito e sociologia jurídica*. Trad. org. e rev. de Noéli Correia de Melo Sobrinho, 1978. Mimeografado.

FREUND, Julien. *Le droit d'aujourd'hui*. Paris: PUF, 1972.

FREUND, Julien. *Sociologia de Max Weber*. Trad. de Luís Cláudio de Castro e Costa. Rio de Janeiro: Forense, 1970.

GENRO, Tarso Fernando. *Introdução à crítica do direito do trabalho*. Porto Alegre: L&PM, 1979.

GIMÉNEZ, Gilberto. *Ideología y derecho*: perspectivas para un análisis sociológico del discurso constitucional. México: Arte, Sociedade e Ideologia, [s.d].

GOMES, Orlando. *Marx e Kelsen*. Salvador: Progresso, 1959.

GÓMEZ, José Maria. Elementos para uma crítica à concepção juridicista do Estado. *Seqüência*, Florianópolis, n. 2, 1980.

GÓMEZ, José Maria. Estado e direito: algumas observações. *Economia & Desenvolvimento*, n. 3, São Paulo, 1982.

HABERMAS, Jürgen. Ernst Bloch: um Schelling marxista. In: FREITAG, Barbara; ROUANET, Sergio P. (Org.). *Habermas*. São Paulo: Ática, 1980.

HALL, Stuart; LUMLEY, Bob; McLENNAN, Gregor. Política e ideologia: Gramsci. In: CENTRE FOR CONTEMPORARY CULTURAL STUDIES (Org.). *Da ideologia*. Trad. Rita Lima. Rio de Janeiro: Zahar,1980.

HERNÁNDEZ GIL, Antonio. *Metodología del derecho*: ordenación crítica de las principales direcciones metodológicas. Madrid: Revista de Derecho Privado, 1945.

JAPIASSU, Hilton. *Introdução ao pensamento epistemológico*. 3. ed. Rio de Janeiro: Francisco Alves, 1979.

JAPIASSU, Hilton. *Nascimento e morte das ciências humanas*. Rio de Janeiro: Francisco Alves, 1982.

JAPIASSU, Hilton. *Para ler Bachelard*. Rio de Janeiro: Francisco Alves, 1976.

JHERING, Rudolf von. *A luta pelo direito*. Trad. de João Vasconcelos. 5. ed. Rio de Janeiro: Forense, 1986.

KANT, Immanuel. *Scritti politici e di filosofia della storia e del diritto*. Trad. Gioele Solari e Giovanni Vidari. Torino: Unione tipografico-editrice torinese, 1956.

KELSEN, Hans. *Teoria pura do direito*. 4. ed. Coimbra: Armênio Amado, 1979.

KONDER, Leandro. *Luckács*. Porto Alegre: L&PM, 1980.

LACLAU, Ernesto. *Política e ideologia na teoria marxista*. Rio de Janeiro: Paz e Terra, 1979.

LEFORT, Claude. Direitos do homem e política. In: *A invenção democrática*. São Paulo: Brasiliense, 1983.

LESSA, Pedro. *Estudos de philosophia do direito*. Rio de Janeiro: Jornal do Commercio, 1912.

LOURENÇO, Eduardo. Michel Foucault ou o fim do humanismo. In: *As palavras e as coisas*. Lisboa: Portugália, 1967.

LÖWY, Michael. *Para uma sociologia dos intelectuais revolucionários*: a evolução política de Lukács (1909-1929). Trad. de Heloísa Helena A. Mello *et al*. São Paulo: Lech, 1979.

LUKÁCS, Georg. *História e consciência de classe*. Porto Alegre: Escorpião, 1974.

LYRA FILHO, Roberto. A nova escola jurídica brasileira. *Direito e Avesso*, Brasília, n. 1, 1982.

LYRA FILHO, Roberto. *Direito do capital e direito do trabalho*. Porto Alegre: Sergio Antonio Fabris, 1982.

LYRA FILHO, Roberto. Introdução ao direito. *Direito e Avesso*, Brasília, n. 2, 1983.

LYRA FILHO, Roberto. *O que é direito*. São Paulo: Brasiliense, 1982.

LYRA FILHO, Roberto. *Para um direito sem dogmas*. Porto Alegre: Sergio Antonio Fabris, 1980.

LYRA FILHO, Roberto. *Problemas atuais do ensino jurídico*. Brasília: Obreira, 1981.

LYRA FILHO, Roberto. *Razões de defesa do direito*. Brasília. Ed. Obreira, 1984.

LYRA, Roberto. *Direito penal científico*: criminologia. Rio de Janeiro: José Konfino, 1974.

MACHADO NETO, Antônio Luís. *Compêndio de introdução ao estudo do direito*. São Paulo: Saraiva, 1973.

MACHADO NETO, Antônio Luís. *História das idéias jurídicas no Brasil*. São Paulo: Grijalbo, 1969.

MACHADO NETO, Antônio Luís. *Teoria da ciência jurídica*. São Paulo: Saraiva, 1975.

MACHADO, Roberto. *Ciência e saber*: a trajetória da arqueologia de Foucault. Rio de Janeiro: Graal, 1981.

MAGNO, M. D. *Senso contra censo da obra-de-arte etc.*: instrução a uma semasionomia. Rio de Janeiro: Tempo Brasileiro; Colégio Freudiano do Rio de Janeiro, 1977. (LUGAR, v. 9).

MARQUES NETO, Agostinho Ramalho. *A ciência do direito*: conceito, objeto e método. Rio de Janeiro: Forense, 1982.

MARQUES, José Frederico. *Manual de direito processual civil*. 6. ed. rev. atual. São Paulo: Saraiva, 1978. 2 v.

McDONOUGH, Roisín. A ideologia como falsa consciência: Lukács. *In*: CENTRE FOR CONTEMPORARY CULTURAL STUDIES (Org.). *Da ideologia*. Trad. Rita Lima. Rio de Janeiro: Zahar, 1980.

MIAILLE, Michel. *Uma introdução crítica ao direito*. Lisboa: Moraes, 1979.

MOTTA, Benedicto. *O homem, a sociedade, o direito, em Marx*. São Paulo: Revista dos Tribunais, 1978.

NIETZSCHE, Friedrich. *Obras incompletas*. Tradução e notas de Rubens Rodrigues Torres Filho. 3. ed. São Paulo: Abril Cultural, 1983. (Os pensadores).

PAIM, Antonio. *A filosofia da Escola do Recife*. Rio de Janeiro: Saga, 1966.

PEREIRA, Aloysio Ferraz. *O direito como ciência*. São Paulo: Revista dos Tribunais, 1980.

PONTES DE MIRANDA, Francisco Cavalcanti. *Sistema de ciência positiva do direito*. 2. ed. Rio de Janeiro: Borsoi, 1972. 4 v.

POULANTZAS, Nicos. *Hegemonía y dominación en el Estado moderno*. Córdoba: Cuadernos de Pasado y Presente, 1968.

POULANTZAS, Nicos. *Nature des choses et droit*: essai sur la dialectique du fait et de la valeur. Paris: Pichon et Durand-Auzias, 1965.

POULANTZAS, Nicos. *O poder, o Estado, o socialismo*. Rio de Janeiro: Graal, 1981.

POULANTZAS, Nicos. *Poder político e classes sociais*. São Paulo: Martins Fontes, 1977.

REALE, Miguel. *Filosofia do direito*. 8. ed. São Paulo: Saraiva, 1978.

REALE, Miguel. *Fundamentos do direito*. São Paulo: Revista dos Tribunais, 1972.

REALE, Miguel. *Lições preliminares de direito*. São Paulo: Saraiva, 1980.

REALE, Miguel. *O direito como experiência*. São Paulo: Saraiva, 1968.

REALE, Miguel. *Teoria tridimensional do direito*. 3. ed. São Paulo: Saraiva, 1980.

RIBEIRO JÚNIOR, João. *O que é positivismo*. São Paulo: Brasiliense, 1982.

ROCHA, Leonel Severo. *As dimensões de legitimação-dominação do discurso jurídico sobre o poder soberano*. Dissertação (Mestrado) – PGD/Direito, UFSC, Florianópolis, 1982.

ROCHA, Leonel Severo. Crítica à teoria crítica do direito. *Seqüência*, n. 6, Florianópolis, UFSC, 1982.

ROUANET, Sergio Paulo. *Imaginário e dominação*. Rio de Janeiro: Tempo Brasileiro, 1978.

ROUSSEAU, Jean-Jacques. *O contrato social*. Rio de Janeiro: Tecnoprint, [s. d.].

SALDANHA, Nelson. *Estado de direito, liberdade e garantias*. São Paulo: Sugestões Literárias, 1980.

SALDANHA, Nelson. *Legalismo e ciência do direito*. São Paulo: Atlas, 1977.

SALDANHA, Nelson. *O que é poder legislativo*. São Paulo: Brasiliense, 1982.

SALDANHA, Nelson. *Velha e nova ciência do direito*. Recife: Universitária; UFPE, 1974.

SÁNCHEZ VÁZQUES, Adolfo. *Ciência e revolução*: o marxismo de Althusser. Rio de Janeiro: Civilização Brasileira, 1980.

SANTOS, Boaventura de Sousa. *Para um novo senso comum*: a ciência, o direito e a política na transição paradigmática. São Paulo: Cortez, 2000. v. 1. A crítica da razão indolente: contra o desperdício da experiência.

SANTOS, Juarez Cirino dos. *A criminologia radical*. Rio de Janeiro: Forense, 1981.

SANTOS, Laymert G. dos. *Alienação e capitalismo*. São Paulo: Brasiliense, 1982.

SCHWARTZENBERG, Roger-Gérard. *Sociologia política*. São Paulo: Difel, 1979.

SILVA, De Plácido e. *Vocabulário jurídico*. Rio de Janeiro: Forense, 1975. 4 v.

SILVEIRA, Cid. *Direito e Estado*. Rio de Janeiro: Civilização Brasileira, 1977.

SOUSA JR., José Geraldo. *Para uma crítica da eficácia do direito*: anomia e outros aspectos fundamentais. Porto Alegre: Sergio Antonio Fabris, 1984.

SOUTO, Cláudio. *Introdução ao direito como ciência social*. Rio de Janeiro: Tempo Brasileiro, 1971.

TELLES JR., Goffredo. *O direito quântico*: ensaio sobre o fundamento da ordem jurídica. São Paulo: M. Limonad, 1971.

THOMPSON, Augusto F. G. *Escorço histórico do direito criminal luso-brasileiro*. Rio de Janeiro: Liber Juris, 1976.

THOMPSON, Edward. Modes de domination et revolutions en Anglaterre. *Actes de la Recherche en Sciences Sociales*, n. 23, juin 1976.

VELOSO, Caetano. *Uns*. Rio de Janeiro: Polygram, 1983. 1 disco de vinil, 33 rpm, estéreo.

VIEHWEG, Theodor. *Tópica e jurisprudência*. Trad. de Tercio Sampaio Ferraz Jr. Brasília: Imprensa Nacional, 1979.

VIOLA, Eduardo J. A problemática do Estado e do regime político: um ensaio desde a ótica da democracia política. *Cadernos de Ciências Sociais*, Florianópolis, n. 1, 1980.

WARAT, Luís Alberto. A partir de Kelsen. *Seqüência*, Florianópolis, n. 4, 1981.

WARAT, Luís Alberto. *Mitos e teorias na interpretação da lei*. Porto Alegre: Síntese, 1979.

WARAT, Luís Alberto. Reencontro com Kelsen. *Seqüência*, Florianópolis, n. 5, 1982.

WARAT, Luís Alberto. Saber crítico e senso comum teórico dos juristas. *Seqüência*, Florianópolis, n. 5, 1982.

WARAT, Luís Alberto. Sobre la dogmática jurídica. *Seqüência*, Florianópolis, n. 2, 1980.

WARAT, Luís Alberto; CUNHA, Rosa Maria Cardoso da. *Ensino e saber jurídico*. Rio de Janeiro: Eldorado, 1979.

WEBER, Max. *Economía y sociedad*. México: Fondo de Cultura Económica, 1969.

WEBER, Max. *Sobre a teoria das ciências sociais*. Trad. de C. G. Babo. Lisboa: Presença, 1969.

ÍNDICE DE ASSUNTO

C
Capitalismo 128, 132
Ciência 33
- Formação 77
- Modernidade 37
- Papel 37
- Teorias 149
Ciência do direito *ver* Ciência jurídica
Ciência empírica 72
Ciência jurídica 53-54, 76
Ciências humanas 76
- Solo epistemológico 40
Congresso do Partido Comunista
  da União Soviética (PCUS) 65
Crítica da razão 54
Culturalismo 52-53

D
Dado 47
Direito 112, 148
- Crítica 63, 64, 68
- Imaginário jurídico 83
- Luta pelo 132
- Nascimento 44
- Negação 45
- Nível jurídico estatal 117
- Positivação 45, 58
- Redefinição 139
- Renovação 141
- Solo epistemológico 43
- Teoria pura 80
Direito contemporâneo 29, 83, 108,
                        126, 129, 130, 134, 137
- Explicar-compreender 150
Direito moderno 108
Direito penal 48

Direito positivo 150
Direitos humanos 145
Disciplinas 111, 112
Dogmática jurídica 57
- Momentos 58, 151
- Posturas teóricas 60
Dominação 112, 142

E
Economia 119, 120
Economicismo 121-124
Episteme 39, 72, 73, 74
- Estágios 39-40
Epistemologia 20, 28, 81
Epistemologia crítica 22
Epistemologia jurídica 27-29
Escola de Baden 54, 61
Escola de Marburgo 53, 61
Escola Egológica do direito 81
Estado 143
- Funções 134
Estado absolutista 103
Ética 23
Ética material 23

F
Formalismo jurídico 80

G
Glosa 99
- Textos glosados 99-100
Glosadores 100

H
Hermenêutica compreensiva 22
Historicismo 142

página

- Do sujeito 124

I
Ideologia em Althusser 85
Ideologia em Gramsci 87
Ideologia em Lukács 86
Ideologia em Marilena Chauí 89
Ideologia em Poulantzas 88
Imaginário jurídico 83
Individualização 110, 114, 115, 132
Indivíduo 114

J
Jurídico 119
Jurisdição 105
Jurisprudência 51
Jusnaturalismo 144, 147-148
- Importância 107
Jusnaturalismo teológico 102

L
Lei 95, 96, 111, 113, 150
- Elogio 97
- Sanção 135
- Técnicas dicotômicas 99
Linguagem jurídica 83

M
Marxismo 63

N
Nação 104
Normalização disciplinar 112, 150
Normas jurídicas 47

página

Normas técnicas 47

P
Poder 107, 111, 112
Político 119
Positivação (direito) 45, 58
Positivismo jurídico 18, 29, 86,
93, 107, 144
- Como imaginário 93
- Competência 96
- Momentos 98
Produção capitalista 128, 133

R
Razão legal 107
Revoluções liberais 104

S
Saberes
- Dimensões 74-75
- Jurídico 71
- Social 71
- Tradicional 79
Soberania 101

T
Teoria crítica 19, 22
Teoria dialética 143-144
Teoria dogmática 57

V
Violência 131, 151
Voluntarismo 121-125

ÍNDICE ONOMÁSTICO

página

A
Althusser, Louis Pierre 22, 64, 65, 66, 67, 84, 85, 86, 146
Alvarez, Alejandro Bugallo....................28
Arruda, João..46

B
Bachelard, Gaston 35, 36, 37, 62, 67
Barreto, Tobias 46
Bessa Filho, Manoel 52
Bevilácqua, Clóvis...................................46
Bielsa, Rafael 94
Bloch, Ernst 30, 146, 147, 148
Bobbio, Norberto....................................52

C
Canguilhem, Georges 62
Cardoso, Mirian Limoeiro 36, 37
Castoriádis, Cornelius 25, 26, 27, 30
Chauí, Marilena 14, 30, 89, 90, 130, 137
Cittadino, Gisele 17
Clève, Clèmerson Merlin 15, 18, 19, 20, 23
Coelho, Luiz Fernando 26, 27, 28, 29, 34, 47, 51, 71
Comte, Auguste 93
Cóssio, Carlos 43, 52, 53, 55, 61, 80, 81, 82, 83

D
David, René..51
Descartes, René.......................................40
Dilthey, Wilhelm........................42, 51, 61
Diniz, Maria Helena................................53
Duguit, Léon 47, 60

página

Durkheim, Émile 35, 41, 46
Dussel, Enrique 23

E
Engels, Friedrich.......................64, 85, 119

F
Feraz Jr., Tercio Sampaio 33, 34, 35, 44, 48, 49, 50, 57, 61, 99
Foucault, Michel 20, 22, 38, 39, 40, 71, 72, 74, 75, 98, 101, 111, 127, 131, 149
Freud, Sigmund 43

G
Gadamer, Hans-Georg............................22
Goethe, Johann Wolfgang von 97, 103
Gramsci, Antonio 64, 87, 88
Gullar, Ferreira 25

H
Heidegger, Martin.............................22, 81
Hernández Gil, Antonio.........................46
Hugo, Gustav...44

J
Japiassu, Hilton 35, 36, 37, 38, 39, 40, 41, 42, 75

K
Kant, Immanuel...........................33, 54, 76
Kelsen, Hans 53, 54, 55, 61, 80, 82, 83, 84
Kirchmann, Julius Herman von 43

L

Lefort, Claude 145
Lessa, Pedro 46, 60
Ludwig, Celso Luiz 24
Lukács, Georg 22, 86, 123, 146
Lyra Filho, Roberto 48, 71, 125, 141, 142, 143

M

Machado, Roberto 29, 36, 37, 39, 43
Machado Neto, Antônio Luís 52, 80
Magno, M. D. 27
Maquiavel, Nicolau 131
Marques, José Frederico 52
Marques Neto, Agostinho 34, 35, 36, 42, 71
Marx, Karl 64, 66, 85, 86, 89, 119, 123, 126, 128, 142
Menezes, Djacir 46
Miaille, Michel 22, 48, 68, 119, 122, 125, 126, 127, 130, 144, 146
Montesquieu 97

N

Nietzsche, Friedrich 33

P

Pachukanis, Evgeni 121, 122, 124, 142, 147
Pereira, Aloysio Ferraz 48, 50
Pereira, Ana Lucia Pretto 15, 33
Pontes de Miranda 46
Popper, Karl 59, 62

Poulantzas, Nicos 22, 23, 48, 66, 68, 88, 110, 111, 114, 120, 122, 123, 127, 132, 133

R

Reale, Miguel 43, 44, 46, 47, 51, 52, 53, 55, 61, 62, 80, 82, 83
Ribeiro Júnior, João 45
Romero, Sílvio 46
Rorty, Richard 22
Rouanet, Sergio Paulo 85, 88
Rousseau, Jean-Jacques 47, 102, 103, 105

S

Saint-Simon, Conde de 93
Saldanha, Nelson 104
Sanchez Vázques, ... 65
Santos, Boaventura de Sousa 19
Savigny, Friedrich Carl von 44
Siches, Luís Recaséns 43, 52
Sófocles 98
Stucka, Petr Ivanovich 122

T

Tracy, Destutt de 84
Trotsky, Leon 64

V

Veloso, Caetano 27
Viehweg, Theodor 48, 49
Vychinsky 122, 124, 142

W

Warat, Luís Alberto 34, 58, 59, 71, 110
Weber, Max 43, 51, 108, 109, 146

Esta obra foi composta em fonte Palatino Linotype, corpo 10
e impressa em papel Offset 75g (miolo) e Supremo 250g (capa)
pela Edelbra Gráfica Ltda.
Erechim/RS, novembro de 2011.